Gebrauchsanweisung
für die Bretagne

Jochen Schmidt

Gebrauchsanweisung für die Bretagne

Piper München Zürich

ISBN 3-492-27527-3

Gesamtherstellung: Clausen & Bosse, Leck
Printed in Germany

www.piper.de

»Der Bretagner hat, vielleicht ein Ausdruck seines von Stürmen umbrausten, rauhen Landes, eine melancholische Gemütsstimmung, ein zurückhaltendes Wesen, dabei aber lebhafte, poetische Einbildungskraft, innere Empfindsamkeit und oft große Leidenschaftlichkeit, verborgen hinter äußerer Rohheit und Fühllosigkeit.«

Meyers Konversations-Lexikon, 1896

Allen, die nicht genug bekommen vom Studium der Romanistik

Vorwort

In all den Jahren, die ich die Bretagne kenne, erst als Matrose der Kriegsmarine, dann, nach meiner Heirat mit einer Bretonin, als Gemüsebauer, und schließlich als Honorarkonsul der Bundesrepublik in Brest, ist mir von dieser Region nichts verborgen geblieben. Die pittoresken Altstädte, deren Fachwerkfassaden sich wie Fingerabdrücke nie gleichen, die rätselhaften Figurenansammlungen der Kalvarienberge, der *calvaires*, die einsamen Inseln, die märchenhaften Wälder, das urzeitliche Meer.

Und obwohl das alles gar nicht stimmt, nehme ich mir das Recht, ein Buch über die Bretagne zu schreiben. Ich bin ein gewöhnlicher Reisender, der immer von der Angst getrieben wird, das Entscheidende zu verpassen: die erhabenste Klippe, die einsamste Waldlichtung, die feinste Crêpe, das urtümlichste Volksfest. Alles, wovon die Reiseführer schwärmen. An welcher Kreuzung hat man den falschen Weg eingeschlagen? An welchem Wochenende wäre in dieser verschlafenen Stadt die Hölle los gewesen? Warum hat man zu spät erfahren, daß man diese berühmten Grotten auch besichtigen konnte?

Bevor ich sie bereist habe, dachte ich wie die meisten, die Bretagne wäre ein Land, in dem es immer regnet. Wenn die Männer nicht auf dem Meer oder im Alkohol ertrunken sind, sind sie damit beschäftigt, mit uralten Traktoren den Verkehr zu behindern, während die Frauen mit seltsamen weißen Röhren als Kopfschmuck

Kühe zur Weide führen, die ihnen kaum bis zur Schulter reichen. Die Menschen verlieren sich in der mit Menhiren gespickten Heide, um abends am Kamin zusammenzukommen und sich Gruselgeschichten über Geister und böse Kobolde zu erzählen.

Inzwischen weiß ich es besser: denn die Bretagne ist ein Land, in dem oft die Sonne scheint. Weil die Männer nicht mehr aufs Meer fahren und statt dessen im Alkohol ertrinken, sind schon die Kinder damit beschäftigt, mit nagelneuen Traktoren den Verkehr zu behindern, während die Frauen mit seltsamen weißen Broten unterm Arm vom Bäcker kommen, der ihnen kaum bis zur Schulter reicht. Die Touristen verlieren sich in der mit Menhiren gespickten Heide, um abends in der Pension zusammenzukommen und sich Gruselgeschichten über das Wetter und böse Preiserhöhungen zu erzählen.

Soviel zu den einfachen Wahrheiten, für den Rest muß man weiter ausholen.

Brest (nicht Litowsk)

»Why does it always rain on me? Is it because I lied, when I was seventeen?« Travis

»Es gibt dort jeden Tag so einen seltsamen Sprühregen, von dem man nicht richtig naß wird. Aber zwischendurch scheint die Sonne. Die Stadt besteht nur aus grauem Beton, das Rathaus ist so ein kantiger, stalinistischer Klotz. Alkohol ist das größte Problem. Man sieht kaum Touristen. Der Hafen ist eine Stadt für sich.«

Als mir so zum ersten Mal von Brest erzählt wurde, wußte ich: das ist meine Stadt. Weil ich von einem Ort verlange, daß er es mir nicht leicht macht. Und weil ich nicht auffallen will, wenn ich mich einsam fühle. In Hafenstädten sind alle ein wenig einsam. Wahrscheinlich ist Brest genau das Gegenteil von dem, was man sich unter einem Urlaubsort vorstellt. Ich würde auch niemandem raten, dort seinen Urlaub zu verbringen. Aber wenn man mich fragt, wo für mich die Bretagne liegt, dann müßte ich nicht lange überlegen.

In meinem Jahr dort bin ich kaum aus der Stadt gekommen. Ich hatte kein Geld, und ich dachte, der Rest der Bretagne würde genauso trist aussehen. Aber in Wirklichkeit ist der Rest der Bretagne heute das glatte Gegenteil von Brest: bunt, durchrenoviert, von Touristen bevölkert und relativ wohlhabend.

Dennoch beginne ich meine Reise auch diesmal in Brest.

Immerhin weiß ich schon, was ich auf jeden Fall mitnehmen muß: eine Regenjacke, Magentabletten, Alka-Seltzer, Vomex-Zäpfchen. In Frankreich gibt es eine Sperrstunde, weshalb man nur um so schneller trinkt.

Am schwersten wiegen allerdings die Reiseführer. Warum werden gerade diese Bücher auf so schwerem Papier gedruckt? Am Flughafen in Berlin verabschiedet sich eine Schülergruppe von ihren französischen Gästen, die Mädchen schnuppern sich gegenseitig an den Haaren, um das Shampoo zu vergleichen. Ich werde genau in dem Moment fotografiert, wo ich einer Frau auf die Brüste schaue. Im Buchladen liegt viel von Wladimir Kaminer. Ich gucke noch einmal genauer, aber nein, auch unter seinen Stapeln versteckt sich kein Buch von mir, das muß ein Irrtum sein.

Immerhin habe ich schon einen Prominenten entdeckt, die Chancen, daß wir nicht abstürzen, stehen also gut. Es scheint mir doch unwahrscheinlich, daß ich ausgerechnet zusammen mit Joschka Fischer sterbe. Außerdem erkenne ich einen berühmten koreanischen Architekten, von dessen Existenz ich allerdings erst heute morgen aus der Zeitung erfahren habe. Zwei Prominente, da kann eigentlich nichts passieren.

Ich habe große Angst vor dieser Fahrt, weil mir jedes Wiedersehen mit Brest ans Herz geht. Außerdem ist Fliegen eine unnatürliche Art, sich fortzubewegen. Die Seele kommt nicht so schnell hinterher. Die halbe Nacht konnte ich nicht schlafen und habe mich mit *Cape of fear* getröstet. Meine Angst war ja lächerlich, verglichen damit, daß Robert de Niro mit so einem Gesicht um mein Haus schleichen und meiner Familie nachstellen könnte.

In Paris regnet es, und ich bin sofort umringt von französischen Beamtengestalten. Es ist ja ein unvergleichlicher PR-Coup, daß dieses Paradies der Bürokratie es geschafft hat, auf der ganzen Welt mit Liebe und Romantik assoziiert zu werden. Juliette Binoche, Émanuelle Béart und Isabelle Adjani haben sich aber mal wieder gut versteckt, ich kann nur schmallippige, graue Männer mit Aktentaschen entdecken.

Für meinen Inlandflug muß ich durch kahle Betonröhren in den Keller des Flughafens zu einer speziellen Abfertigungshalle gehen. Es hat mich beim Umsteigen immer amüsiert zu beobachten, wie die Mitreisenden in alle Welt weniger wurden, und ich am Ende nur noch von Menschen umgeben war, die auch nach Brest wollten. In diesem kühn gestalteten Flughafen nehmen sich die versammelten Brest-Heimkehrer wie Fremdkörper aus. Man erkennt sie an ihrer unmodernen Kleidung, der ungesunden Gesichtsfarbe und einer gewissen Biederkeit. Trotzdem wirken sie gelöst. Denn die Nationalkrankheit der Bretonen soll ja das Heimweh sein, und jetzt geht es nach Hause. Zwar regnet es wahrscheinlich auch in der Bretagne, aber sicher auf viel schönere Art. *»En Bretagne, il fait que beau«*, scherzt jemand beim Besteigen des Flughafenbusses. Genau, in der Bretagne ist immer schönes Wetter. Ob Sonne oder Regen ist egal, das einzige, was den Bretonen wirklich bedrückt, ist, wenn das Wetter sich nicht täglich ändert.

Das Flugzeug nach Brest ist schon viel kleiner. Die Reihe 13 ist nicht vergeben. Zur Beruhigung spielen sie Andrea Bocelli *Time to Say Goodbye*. Egal, wieviel Sport man treibt, wenn man im Flugzeug an sich heruntersieht, hat man doch einen Bauch. Der Steward führt uns die Sicherheitsmaßnahmen vor. Dann geht er durch die Reihen und fragt: »Wünschen Sie Kekse oder leckeres gemischtes Salzgebäck?« Ich denke an einen Freund aus Brest, den ich seit Jahren nicht gesehen habe.

Cédric

Eigentlich hatte Cédric Schauspieler werden wollen. Seine Leidenschaft fürs Theater hatte er an der Universität entdeckt, als sie *Die kahle Sängerin* von Eugène Ionesco aufführten. Die Inszenierung war so gelungen, daß sie das Audimax dreimal hintereinander füllten. Immer, wenn Cédric sich mitten im Stück auf einen Stuhl stellte und: *»Seule la Marine est honnête en France!«* sagte, jubelten die Zuschauer. Sie wurden sogar zu einem Gastspiel in der *École navale* eingeladen, wo sie das Stück vor Rekruten spielten. Von denen wurde der Satz so begeistert aufgenommen, daß die Vorgesetzten den Zwischenapplaus abbrechen mußten.

Natürlich mußte Cédric die Bretagne verlassen, um sich seinen Traum von der Schauspielerei zu erfüllen. Einerseits wollte er die Intensität eines Klaus Kinski erreichen, andererseits in Berlin Brecht spielen. Er tingelte ein paar Jahre durch Europa und nahm hier und da Schauspielunterricht. Aber die einzige Aufnahmeprüfung, die er bestand, war die bei Air France, wo er heute als Flugbegleiter arbeitet. Durchs Fenster sieht er die unvergleichliche Küstenlinie seiner Heimat. In die Vorführung der Atemmasken legt er sein ganzes schauspielerisches Talent. Aber die Hoffnung, auf diesem Weg doch noch entdeckt zu werden, hat er im Grunde aufgegeben.

Am Flughafen von Brest kaufe ich mir die Michelin-Karten. Die rote gilt für ganz Frankreich, die gelben für einzelne Regionen und die blauen kann man zum Wandern benutzen. Es gibt sogar noch genauere, wer weiß, am Ende bin ich selbst darauf als kleiner Punkt zu sehen.

Draußen ist es windig, am Himmel ziehen zerrissene Wolkenformationen über uns hinweg. Der Flughafen ist nicht sehr groß. Weil es damals keinen Bus hierher gab, bin ich einmal vom Nachbarort Guipavas zu Fuß durch die Felder gegangen. Durchs Maisfeld zum Rollfeld. Guipavas kannte ich aus einer penetranten Radiowerbung, die mich das ganze Jahr über verfolgt hatte: »ON THE ROAD TO GUIPAVAS, THERE IS: LA BOÎTE! LA BOÎTE! PARCE QUE LES NUITS NE SONT PAS FAITS QUE POUR DORMIR!« Ich war nie in »La Boîte« gewesen, wo die Nächte nicht nur zum Schlafen gemacht waren.

Heute habe ich einen blitzenden Renault Clio gemietet und probiere aufgeregt wie ein Kind die vielen Knöpfe aus. Dann lese ich mich in der dicken Gebrauchsanweisung fest. Bevor ich losfahre, esse ich die letzten meiner mitgebrachten Vollkornbrotstullen. Ab jetzt gibt es nur noch Weißbrot. Ich gebe Gas, der Tank ist voll. Hoffentlich habe ich diesmal mehr Glück, als bei meinem ersten Besuch mit dem Auto. Damals hat uns die Bretagne ein Bein gestellt.

Dirk hatte für eine Woche den alten Opel seiner Eltern, und weil ich jede Gelegenheit nutzte, nach Brest zu kommen, überredete ich ihn, zusammen mit mir dorthin zu fahren. Wir trafen uns um Mitternacht an der Schönhauser Allee. Ich hatte ausgerechnet, daß wir für die 1800 Kilometer achtzehn Stunden brauchen würden. Bis Köln sollte ich schlafen und dann übernehmen. Aber ich konnte nicht schlafen, weil Dirk, um sich wachzuhalten, eine Gehörfolter einlegte, die er »Acid-Trance« nannte. Ich lag auf dem Rücksitz und spielte im Kopf durch, wie ich mich bei einem Unfall schnell aus dem Auto retten könnte. Weil ich nicht schlafen konnte, rauchte ich.

Wir freuten uns auf den Zwischenstop in Köln, wo wir Arne abholen und bei ihm frühstücken wollten. Um sechs Uhr morgens kamen wir an. Wir brauchten lange, bis wir ihn wach geklingelt hatten. Leider hatte er vergessen einzukaufen, und wir konnten nicht frühstücken. Kaffee war auch keiner mehr im Haus.

Ich übernahm trotzdem das Steuer und sah in der Ferne mit Bedauern den Kölner Dom, den ich noch nicht kannte. Um wach zu bleiben, rauchte ich. Die anderen rauchten auch. Wir hörten immer noch »Acid-Trance«. In Belgien gerieten wir in einen Schneesturm, weswegen wir von Belgien nicht viel sahen. Immerhin verstand ich jetzt, was Jacques Brel mit *Il neige sur Liège* hatte sagen wollen. Dirk meinte, das sei sein Lieblingswetter, da sich bei schlechten Bedingungen die Spreu vom Weizen unter den Autofahrern trennen würde. Ich vermutete, daß er sich zum Weizen rechnete. Um Geld zu sparen, mieden wir in Frankreich die Autobahn. Außerdem durfte ich nur 100 fahren, weil Dirk Angst um sein Auto hatte. Wir wählten immer den direktesten Weg, aber wenn man sich unsere Route auf einer Karte größeren Maßstabs ansah, dann beschrieb sie Schlängellinien. Alle paar Kilometer kamen Hinweisschilder: »HIER VERLIEF DIE FRONT AM 16. 7. 1916« und »HIER VERLIEF DIE FRONT AM 17. 7. 1916«. Ich freute mich darauf, in Brest meine Freunde wiederzutreffen. Allerdings hatte ich Arne und Dirk noch nicht verraten, daß ich bisher niemanden erreicht hatte und nur hoffen konnte, daß sie uns bei sich übernachten lassen würden.

Der Weg wurde immer länger, wir waren jetzt schon weiter als die deutsche Front im Ersten Weltkrieg, und das, obwohl wir nur einen alten Opel hatten. Um wach zu bleiben, rauchten wir. In der Ferne sah ich mit Bedauern die Kathedralen von Amiens und Reims, die ich noch nicht kannte. Dirk hatte endlich seine zweite Kassette eingelegt, Tocotronic. Ich hatte von dieser Band, die er als beste Band der Welt bezeichnete, noch nie gehört, aber schon ihr erstes Lied überzeugte mich: *»Wir haben gehalten / in der langweiligsten Landschaft der Welt / wir haben uns unterhalten und festgestellt, daß es uns hier gefällt.«* Ich nickte zustimmend mit dem Kopf.

Wir fuhren den ganzen Tag, und als es schon wieder dunkel wurde, tauchte rechts der Straße in der Ferne eine Art beleuchteter Berg auf, das mußte der Mont St-Michel sein. Ich sah es mit Bedauern, weil ich ihn noch nicht kannte.

Aber es kam nicht in Frage anzuhalten, wir wollten so weit kommen, wie die Straße führte, bis ins Finistère, ans Ende der Welt. Allerdings waren wir so müde, daß wir die letzten Kilometer alle drei schliefen. Tocotronic fuhren für uns und rauchten.

Nach dreiundzwanzig Stunden Fahrt hatten wir Brest erreicht. Nach einer so langen Fahrt durch kahle Landschaften umgaben uns plötzlich schmale Gassen mit grauen, schmucklosen Betonhäusern. Es nieselte auf den Asphalt. Ich konnte nicht glauben, daß ich wieder hier war. Beim Aussteigen nahm ich einen tiefen Atemzug: diese salzige Luft, der Geruch von Teer und Holzfeuer. So hatten die Kleider meiner Freunde immer gerochen, wenn sie mich in Berlin besuchen kamen.

Leider öffnete bei ihnen niemand. Allerdings schloß man hier seine Türen nicht ab. Weil ich von innen ein Trommeln hörte, betrat ich die Wohnung.

Die Stereoanlage war voll aufgedreht, irgendeine Art infernalische, japanische Trommelmusik. Auf dem Sofa schlief Yann. Vielleicht hörte er die Musik, um wach zu bleiben.

Ich ließ ihn schlafen, und wir gingen ins »Comix«, eine Kneipe, die früher an Sonnabenden so voll war, daß man nur stehen konnte. Alle kamen hierher. Jetzt war niemand da. Ein paar Straßen weiter, im »Zèbre«, sah es schon anders aus: man konnte nur stehen. Die Jugend war gemeinschaftlich eine Ecke weiter gezogen. Ein gutes Zeichen, die Dinge waren im Fluß, auch am Ende der Welt. Leider konnte ich niemanden von meinen Bekannten entdecken, wir mußten also im Auto schlafen. Am Morgen war die Scheibe beschlagen von unseren Ausdünstungen. Aber sie durfte nicht abgewischt werden, sonst würden sich Schlieren bilden, erklärte Dirk, der sich mit Autos auskannte. Wir warteten eine halbe Stunde, bis die Ventilation die Scheiben getrocknet hatte und fuhren zu Anne. Sie liebte Brecht und Marlene Dietrich, und als Deutsche waren wir für sie so etwas Ähnliches wie Brecht und Marlene Dietrich. Zum Glück war sie zu Hause und bot uns sofort an, bei ihr zu wohnen. Arne sagte: *»C'est sympa!«*, das war der einzige französische Satz, den er bis jetzt aufgeschnappt hatte, aber er paßte fast immer.

Wir aßen Croissants und Apfeltaschen, der Boden war schnell mit Krümeln bedeckt. Dann zogen wir los, um Gauloise caporal zu kaufen, jeder eine *cartouche.* Nach Deutschland wurden diese Zigaretten nicht exportiert, man bekam nur eine dünnere, elegante Version, das Original war aber dick und kurz, wie die Finger der Menschen hier. Wir hüllten uns in den Geruch dieses schwarzen Tabaks und fuhren ans Meer. Ich hatte bei meinem ersten Aufenthalt nur ein altes Kinderfahrrad mit ausgeleierten Pedalen zur Verfügung gehabt und war deshalb kaum aus der Stadt rausgekommen. Jetzt würde ich endlich etwas von der Bretagne sehen. Zum Beispiel den berühmten zehn Meter hohen *Menhir de Kerloas*, der irgendwo in der Nähe stehen mußte.

Am Meer bewunderten wir die Wellen und dachten über den Anfang von Heiner Müllers *Hamletmaschine* nach: *»Ich stand an der Küste und redete mit der Brandung blabla –«*. Schwer, dem etwas hinzuzufügen. Auf dem Rückweg verfuhren wir uns bei der Suche nach dem Menhir. Wir holperten über schlammige Feldwege und verfluchten die Karte. Vielleicht hielten sie ihre Heiligtümer vor uns versteckt? An einem Bauernhof kurbelte ich die Scheibe herunter und sprach eine Frau unbestimmbaren Alters an, wo hier »le menhir« sei. Statt zu antworten, entblößte sie grinsend ihr zerklüftetes Gebiß. Vielleicht hatte sie mich falsch verstanden. Jedenfalls bestand kein Zweifel: das hier war *la Bretagne profonde*. Als wir uns gründlich genug verfahren hatten, stießen wir durch Zufall doch noch auf den Menhir. Wir rüttelten daran und es donnerte kurz, sonst passierte nichts.

Der Stein war tatsächlich zehn Meter hoch, ursprünglich sogar zwölf, aber der Blitz hatte die Spitze abgeschlagen. Er war 5000 Jahre alt und dreißig Kilometer weit zu sehen. Auf einer kleinen Tafel stand:

»FRISCH VERMÄHLTE RIEBEN IHREN UNTERLEIB AN DEN BUCKELN DES MENHIRS. DER MANN, UM MÄNNLICHEN NACHWUCHS ZU BEKOMMEN, DIE FRAU, UM IHRE HERRSCHAFT IM HAUS ZU SICHERN.«

Der Legende nach lag unter dem Menhir ein Schatz vergraben. Wenn die Menhire am Heiligabend um Mitternacht mit dem ersten Schlag der Glocke ans Meer gehen, um einmal im Jahr zu trinken, konnte man den Schatz leuchten sehen. Mit dem zwölften Schlag der Glocke kamen sie aber schon wieder zurück. Viele Schatzsucher sollen davon überrascht worden sein und unter dem Stein begraben liegen.

Am nächsten Tag wollten wir eine größere Tour machen und fuhren tanken. Die erste Tankstelle war geschlossen. An der zweiten gab es kein Benzin mehr. Wir probierten es weiter, aber wir hatten kein Glück. Ich telefonierte alle Tankstellen der Umgebung an, nein, kein Benzin, die Fernfahrer streikten doch, ob wir das nicht wüßten? Nein, das war uns entgangen, wir saßen fest. Wir hatten zwar ein Auto, aber kein Benzin.

Jeden Tag hofften wir, daß die Fernfahrer zur Vernunft kommen und ihre kindische Blockade aufheben würden, aber sie hatten kein Einsehen. Es blieb uns nichts anderes übrig, als unsere Tage damit zu verbringen, beim trotzkistischen Antiquar feuchte Bücher zu kaufen, mit meinen Freunden in der überfüllten Kneipe zu stehen und Annes Zimmer nach und nach mit Croissantstückchen vollzukrümeln.

Warum waren wir auch ausgerechnet im November ans Ende der Welt gefahren? Jetzt würden wir vielleicht für immer hier festsitzen. Denn selbst wenn der Streik einmal beendet wäre, wer sagte uns, daß sie es hier mitbekommen würden? Und wenn sie es mitbekämen, wer sagte uns, daß sie es uns sagen würden? Vielleicht wollten sie uns ja dabehalten, weil sie sich so über unseren Besuch freuten.

Mir war es recht, ich ging ja immer noch davon aus, daß der Rest der Bretagne genauso trist wie Brest aussehen würde. Außerdem hatte ich so die Möglichkeit, in Gesprächen über den Streik mein Französisch aufzufrischen. Nur Arne war sauer, weil er wegen der allgemeinen Stimmung nichts mehr mit dem einzigen französischen Satz anfangen konnte, den er kannte. Er sagte trotzdem bei jeder Gelegenheit *»C'est sympa«*, es war ironisch gemeint.

*

Diesmal drohte wieder ein Streik, allerdings betraf er die Lehrer. Aber wer wußte schon, ob sich in Frankreich nicht die Fernfahrer mit den Lehrern solidarisierten? Ich nahm mir vor, die Streiknachrichten aufmerksamer als den Wetterbericht zu verfolgen. Für die nächsten Tage war noch nicht mit dem Schlimmsten zu rechnen.

Die Einfahrt in den Hafen von Brest ist für mich eindrucksvoller als die von JFK nach Manhattan. Solche Behauptungen sind natürlich Unsinn, vielleicht hatte ich im Bus von JFK nach Manhattan nur immer noch mit dem Flugzeugessen zu kämpfen und schreckliche Angst, weil ich es nicht geschafft hatte, in irgendeinem YMCA zu reservieren. Aber bei Städten wie Brest, von denen es normalerweise heißt: »Dann sind wir durch Brest gefahren. Es hat geregnet. Wir haben nicht gehalten, da gibt es doch überhaupt nichts zu sehen«, muß man ein bißchen Pathos auftragen, um sie zu unterstützen. Der Hafen und die Bucht von Brest sind ein Erlebnis, für Hafen- und Buchtfreunde sowieso, aber für alle anderen auch, und sei es, um den nötigen grauen Fond für die bunten Eindrücke der folgenden herrlichen Ferientage in der Bretagne zu liefern.

Rechts erhebt sich auf dem Fels die Stadt, und links sieht man Molen, Kräne, Silos, verrostete Lagerhäuser, im Bau befindliche Schiffe, sogar eine Bohrinsel wird gerade montiert. Viele der leerstehenden Lager- und Fabrikgebäude sind von der Stadt für Graffitisprayer freigegeben worden. Dieser Teil des Hafens ist erst auf Befehl Richelieus dem Meer abgetrotzt worden.

Wie im Walzertakt schwingt man durch die Kreisverkehre und nach und nach wird das Gelände urbaner. Bei den ersten Kneipen fragt man sich noch, wer sich hierher verirren mag. In solchen Kneipen müssen Geschichten wie die Schatzinsel beginnen. Dann kommen Spezialgeschäfte für Angler und Taucher, Depots mit Militärbekleidung und sogar einzelne Wohnhäuser. Aber vielleicht hängt die Wäsche in den Fenstern auch schon seit Jahren zum Trocknen, es regnet ja immer gleich wieder.

An der Jugendherberge steht: OSTALERI AR YAOUANKIZ. Man führt mich auf mein Zimmer, ich erkenne alles wieder, obwohl acht Jahre vergangen sind. Die Kissenbezüge sind inzwischen durchgescheuert, aber das Leselicht am Kopfende der Betten, das mich damals so fasziniert hat, brennt noch. Im Gemeinschaftssaal sitzen polnische Bauarbeiter, leider weiß ich nicht einmal mehr, was auf Polnisch »Ich habe alles vergessen« heißt. Ich suche im zerfledderten Telefonbuch nach meinen alten Bekannten. Diese seltsamen Namen: Michel le Buan, Nadine Festoc, Roger Kerserho. Dann stoße ich auf meine eigene Telefonnummer: Jochen Schmidt, Rue Massilon 30. Das Telefonbuch ist wirklich sehr alt. Die Adresse hatte ich schon vergessen. Meine Post aus Berlin wurde damals oft auf einen monatelangen Umweg über das weißrussische Brest-Litowsk geschickt.

Ich fahre erstmals im Auto in die Stadt, wie ein König in seiner Sänfte. Was ist von meinem Viertel geblieben? Angeblich soll es diesem traditionellen Militärstandort (die ersten Befestigungsanlagen stammen noch von den Römern) schlechtgehen, seit Chirac das Militärbudget kürzt. In vielen Fenstern hängen *a louer*-Schilder. Im »Zèbre«, das bei meinem Besuch mit Dirk und Arne immer so voll war, ist, obwohl heute Sonnabend ist, kein Mensch. Wer weiß, wohin die Jugend inzwischen weitergezogen ist, vielleicht ja wieder zurück ins »Comix«. Die Markthallen, in denen uns der Crêpe-Bäcker mit der Fistelstimme immer eine Crêpe spendiert hat, werden renoviert. Die Bäume davor sind abgeholzt worden. Die kleine Postfiliale ist geschlossen, aus der alten Schule ist eine moderne Mediothek geworden. Der Supermarkt *Leclerc*, zu dem ich schon eine persönliche Beziehung aufgebaut hatte – wie gut, daß der Mensch fähig ist, sich in der Fremde sogar an solche Dinge wie Supermärkte zu binden –, jetzt wird er umgebaut. Immerhin gab es hier importiertes, eingeschweißtes Schwarzbrot. An der Uni steht in großen Buchstaben *Fac en grève*, das »g« ist aber abgefallen, deshalb liest es sich, wie *Fac en rêve*. Die Filiale des *Crédit agricole*, in der ich mein erstes französisches Konto eröffnet habe. Sie haben mir noch jahrelang Abrechnungen nach Berlin geschickt, obwohl das Konto längst leer war. Ich habe das immer als Anhänglichkeit empfunden und als Einladung interpretiert, wiederzukommen. Ich hatte dann ein ganz schlechtes Gewissen, als ich mein Konto doch noch auflöste. Aber immerhin habe ich dabei das Wort für »Konto auflösen« gelernt: *résilier.*

Selbst das kleine France-Télécom-Büro ist geschlossen. Außen steht ein Graffiti: *Halte à la casse des services!* (Stop dem Serviceabbau!) Sie haben nicht durchgehalten. Vielleicht auch ein bißchen wegen mir, weil ich meine letzte Rechnung nicht bezahlt habe. Es war nicht viel, aber damals hätte ich das Geld einfach nicht gehabt. Ich wußte, daß sie mich nicht finden würden, weil ich bei ihnen nicht als »Jochen«, sondern als »Gochen« geführt wurde. Daß sich das »J« nicht »Sche«, sondern »Schi« ausspricht, hatte ich bei meiner Ankunft in Frankreich noch nicht gewußt.

Der Papierladen ist jetzt ein Reisebüro. Der Betreiber hatte immer eine dicke Goldkette um den Hals. Die Bäckerei mit dem Brotautomaten für nachts gibt es nicht mehr. Aber im Fenster des Büros dieses Geistlichen, der kostenlos Bretonisch unterrichtete, finde ich das vergilbte Plakat mit dem mit Filzstift gemalten Fahrrad, auf dem die einzelnen Teile auf bretonisch bezeichnet sind. Und eine Ecke weiter hängt immer noch derselbe Kondomautomat in der Sonne. Wenigstens etwas, das sich nicht verändert hat.

Mein altes Kino »Les studios«. Es subventionierte sich mit etwas abseits gelegenen Pornosälen. Das Geld, das dort eingenommen wurde, investierte man etwa in ein Festival des spanischen Films, das in jedem Frühjahr stattfand. Sie zeigten Filme, in denen die Menschen dauernd Durst hatten und sich gegenseitig leidenschaftliche Szenen machten. Wenn man das Kino dann durch den Hinterausgang verließ, stand man in einer dieser schmalen, geteerten und baumlosen Straßen. Der feine Regen im gelben Laternenlicht, der Holzfeuergeruch, die verrosteten Scharniere der Plastikfensterläden. Man mußte aufpassen, nicht zum Lyriker zu werden und sich wirtschaftlich zu ruinieren.

Jetzt ist das Foyer voller Menschen, die nach Karten anstehen. Wie ein Geist, der aus dem Jenseits kommt und unsichtbar zwischen den Lebenden umhergeht, stelle ich mich einen Moment zu ihnen. Aber ich sehe mir keinen Film an, ich gehe weiter zur Pont de Recouvrance, dem eindrucksvollsten Bauwerk von Brest. Sie stammt von 1954 und ist eine der bedeutendsten Hubbrücken Europas. Man überquert auf ihr die Penfeld, eine Art Fjord, der die Stadt teilt und in dem sich das alte Arsenal befindet, der Militärhafen mit seinen Reparaturkränen, abgerüsteten Minensuchern, Geschützen, Trockendocks. Man kann das Arsenal nur zu Führungen betreten. Es arbeiten Tausende Menschen hier. Der Flugzeugträger Charles de Gaulle ist hier gebaut worden.

Die Brücke hat einer derer besungen, die es aus Brest weggeschafft haben. Miossec ist in Deutschland kaum bekannt, aber in Frankreich war schon die erste Platte *Boire* ein Erfolg. Dem folgten *Baiser* und *A prendre. Boire* lebte sehr von der morbiden Atmosphäre dieser Stadt: *»Mais sur le pont de Recouvrance / elle est si belle à voir / que je pourrais encore je pense / m'arrêter un jour de boire ...«*

Brest ist ein Ort, der wenig Ausreden bietet, sich nicht zu konzentrieren. In manchen Lebensphasen ist das genau das richtige. Abends ging ich immer auf die Molen, so weit es ging. Leider konnte man die kilometerlangen Hafendämme nicht betreten. Das wären stundenlange Spaziergänge auf einem durchs Meer führenden schmalen Betonpfad gewesen, in der Hoffnung, irgendwie verwandelt zurückzukehren. Dieser seltsame Wunsch nach Einsamkeit, weg von den Menschen, aber auf der Suche wonach? Am besten wäre natürlich eine Insel gewesen. Alles, was von außen kam, konnte nur Ablenkung sein, aber wovon? Was hat die Völker, die als erste hier gelebt haben, herverschlagen? Warum sind sie nicht in den Süden gezogen, wo uns heute alles um so viel leichter erscheint?

Ich bleibe plötzlich stehen und atme diesen seltsamen Holzfeuergeruch ein wie das Parfum einer alten Bekannten. Ob es überhaupt Holzfeuer ist? Vielleicht auch eine Mischung aus Teer, Regen und Salzluft. Wind kommt auf, und immer wieder fallen ein paar Regentropfen, gegen die eine einfache Kapuze ausreicht. Ich bin jetzt in einer Gegend, in der die Straßen nach Admiralen benannt sind. Die Baumstämme sind von grünen Flechten überwuchert, nicht nur an der Wetterseite. Wenn ich lange genug stehenbleibe, wächst mir vielleicht auch so ein Panzer. Vorher werde ich nie erfahren, was es heißt, in der Bretagne ein Baum zu sein.

Ich hatte immer das Gefühl, nicht das Recht zu haben, etwas über diese Stadt zu denken, solange ich mich nicht ganz für sie entscheide. Dann würde man zum Adel derer gehören, die hier bleiben. Sie sind alle nicht mehr jung, denn die Jungen studieren an der Uni und machen sich davon. Und denen, die bleiben, sieht man an, was es bedeutet, hier zu leben. Es ist nicht, daß sie nicht weggekonnt hätten, aber sie haben sich entschieden. Manche haben auf eine Karriere in Paris verzichtet. Diese Menschen legen Wert darauf, nicht käuflich zu sein.

Immerhin hatte ich mich der Stadt verschrieben, wenn auch nur für ein Jahr. Es war kein Hochzeitsversprechen. Ich wollte mich wie eine Auster verstecken, die an der Luft eine Woche überleben kann. Ich wußte, daß ich ein Jahr ohne Freunde aushalten konnte. Aber das mußte ich dann gar nicht, ich fand schneller Freunde als in Berlin. Denn dieser Ort ist zwar abweisend und trist, aber die Menschen sind um so herzlicher.

Gaël

Gaël hatte eigentlich wie sein Vater und dessen Vater Fischer werden sollen. Aber von der Fischerei war in ihrer Gegend nicht mehr viel geblieben, die letzten Fischer machten ihr Geld mit dem Beliefern der Inseln. Seit Gaëls Vater öfter zu Hause war, verstanden sie sich nicht mehr. Er hatte plötzlich wieder das Kommando übernehmen wollen, obwohl sie längst gewohnt waren, ohne ihn auszukommen. Außerdem litt Gaël stark an Seekrankheit. Schon im Auto wurde ihm schlecht, eine Busfahrt ertrug er kaum. Wenn sein Vater ihn trotzdem zwang, mit ins Boot zu steigen, wurde Gaël ganz weiß im Gesicht, aber er riß sich zusammen, weil er ihn nicht enttäuschen wollte. In der Schule war er auch nicht der Hellste und schaffte das Abitur nicht. Aber er hatte seine Ehre und war entschlossen, weder seinen Eltern noch dem Staat auf der Tasche zu liegen. Jedes Jahr arbeitete er in einem anderen Job. Manchmal ging er monatelang auf Montage nach Monaco, sie bauten immer neue Hotelkomplexe. Er fuhr einen Betonmischer und lernte den Akzent seiner italienischen Kollegen nachzuahmen. In der Mittagspause setzten sie sich in ein Café und hielten Ausschau nach prominenten Schauspielerinnen.

In der Saison arbeitete er oft auf einem Leuchtturm und erklärte den Touristen die Funktionsweise des Scheinwerfers. Er machte immer denselben Witz: *»Wie viele Stufen haben Sie gezählt? Wenn Sie eine 132. gezählt haben, wird Ihr Name eingemeißelt.«* Insgeheim hoffte er, daß ihm bei der Arbeit einmal ein Mädchen begegnen würde. Aber das war aussichtslos, sie wollten ja nur den Blick genießen.

Außer der Saison arbeitete er als Plakatkleber. Am liebsten hatte er die Parfümwerbung, er fühlte sich für die Mädchen auf den Plakaten verantwortlich. Es gab eine Ecke im Hafen, in die kaum jemand kam. Trotzdem stand ausgerechnet hier eine Plakatwand. Das Mädchen auf dem Plakat hatte goldene Haare und schwamm in flüssigem Gold. Zu ihren Füßen pickte eine Möwe in einer Pfütze. Warum hätte er malen sollen, wenn er so schöne Dinge aufhängen durfte?

Was bisher geschah

Was jeder von der bretonischen Geschichte wissen sollte, kann man wie folgt zusammenfassen: In der Bretagne haben einst, wie in weiten Teilen Europas, die Kelten gelebt. Über die Herkunft dieses genialen Völkergemischs sind sich die Wissenschaftler uneins. Beim jährlichen *Festival interceltique* in Lorient kommen ihre letzten Nachfahren aus Irland, Schottland, Wales, dem spanischen Galizien und der Bretagne zusammen. Inzwischen ist das Keltenmerchandising zu einem eigenen Wirtschaftszweig geworden.

Einer der ersten, der über die Kelten geschrieben hat, war natürlich Julius Caesar, im *Gallischen Krieg*. Damals hieß die Region noch *Armorica*, nach dem keltischen »ar mor«. Das Land war zweigeteilt in »ar mor« (das Meer, die Küstenregion) und »ar goat« (das Landesinnere, der Wald).

Das mächtigste keltische Volk waren die Veneter, nach denen die Stadt Vannes heißt. Ihre Siedlungen errichteten sie an der Spitze von Landzungen, so daß sie bei Flut fliehen konnten. Sie haben gegen die Römer aufbegehrt, weil sie sich auf ihre schnellen Schiffe verlassen konnten, die wegen ihres flachen Kiels auch bei niedrigem Wasser und Ebbe fahren konnten. Caesar ließ eine Flotte bauen, um die Veneter zu besiegen. In der entscheidenden Seeschlacht flohen sie aufs offene Meer, wohin ihnen die römischen Galeeren nicht folgen konnten. Aber dann blieb der Wind plötzlich aus, sie wurden von Caesars Schiffen eingeholt und niedergemetzelt. Caesar ließ wie üblich die Priester und Stammesführer hinrichten und das Volk als Sklaven verkaufen. Die Stelle im Golf von Morbihan (»kleines Meer«), von der aus Caesar das Geschehen beobachtet haben soll, heißt *Tumulus de Tumiac* bzw. *Butte de César.*

Anscheinend haben die Gallier schon bald nach der römischen Eroberung die Sprache der Sieger angenommen. Nur wenige gallische Wörter sind im heutigen Französisch verbürgt, zum Beispiel der berühmte Hosenschlitz *braguette*, der auf das gallische Wort für Hose zurückgeht. Die Römer hatten ja keine Hosen, deshalb hat sich das Wort erhalten.

Der Kontakt zwischen Insel- und Festlandskelten ist vermutlich nie abgebrochen, der Ärmelkanal war für diese geschickten Seeleute kein Hindernis, sondern eine bequeme Straße. Im fünften und sechsten Jahrhundert wurde die Armorica von Bretonen besiedelt, die vor den Angelsachsen und Schotten aus Britannien flohen. Die Wissenschaft streitet sich, ob die britischen Bretonen in der heutigen Bretagne auf Nachfahren der Gallier getroffen sind, deren Sprache sie noch verstanden, oder ob sie ihr Bretonisch dorthin exportiert haben. Es ist schwer, dazu zu forschen, schon weil das Gallische (im Gegensatz zu anderen keltischen Sprachen) keine Schrift hatte, die Druiden übermittelten ihr Wissen mündlich.

Die Bretonen haben es länger als die Römer in diesem Landstrich ausgehalten, in dem man die Häuser eingekeilt zwischen Felsen bauen mußte, um sie gegen den Wind zu schützen. Vieles, wofür die Bretagne steht, stammt allerdings gar nicht von ihnen. Der berühmte Cidre ist, wie der Apfelanbau, eine persische Erfindung. Die Menhire und Dolmengräber sind mehr als 4000 Jahre alt und vom Megalithenvolk hinterlassen worden, über das noch weniger bekannt ist als über die Gallier. Manche sagen, es sind Gedenkzeichen für Tote, manche sagen, sie stellen Krieger dar, manche sagen, es sind Phallussymbole. Weil sie tatsächlich immer für Fruchtbarkeitsriten herhalten mußten, waren sie der Kirche ein Dorn im Auge. Um sicherzugehen, ließ man in viele Menhire ein Kreuz einmeißeln. Die Kelten sind zwar früh christianisiert worden, man behauptet aber, daß sie ihre Götter unter der christlichen Symbolik versteckten. So soll sich hinter St. Anne, der Urmutter der Bretonen und Großmutter von Jesus, Dana, die Mutter der keltischen Götter verstecken. St. Anne soll der Legende nach von ihrem Mann, der ihr ihre Kinder neidete, verjagt worden sein. Engel trugen sie nach Nazareth. Im Alter bekam sie Heimweh, und die Engel trugen sie wieder zurück in die Bretagne.

Der große Held des bretonischen Mittelalters war der Ritter Du Guesclin aus Dinan. Er hat es im Hundertjährigen Krieg gegen die Engländer zur Berühmtheit gebracht. 1380 starb er vor den Mauern von Châteauneuf-de-Randon in der Auvergne, fern seiner bretonischen Heimat. Du Guesclin war so legendär, daß der englische Festungskommandant erschüttert vor dem Toten kapitulierte und ihm die Schlüssel zu den Toren der Festung in die im Tod gefalteten Hände legen ließ. Viel Edelmut in einer unsicheren Zeit, in der ein schottischer König schon mal von seinem Beichtvater erdolcht wurde. Heute heißt der Strahler, mit dem man in Autowaschanlagen seine Karosse einseift, *la lance*. So weit ist es mit den Werkzeugen ritterlicher Tapferkeit gekommen.

Du Guesclin hatte in Dinan begraben werden wollen, und dorthin setzte sich der Trauerzug in Bewegung. Nach wenigen Tagen mußte die Leiche einbalsamiert werden. Die Eingeweide bestattete man in der Jakobinerkirche von Le Puy. Dies genügte aber nicht, und schon in Montferrand sah man sich genötigt, die Leiche zu kochen. Das Skelett wurde herausgelöst, die anderen sterblichen Überreste wurden beigesetzt. In Le Mans stieß ein Abgesandter des Königs auf den Trauerzug und überbrachte den Befehl, daß Du Guesclin in die Königsgruft nach St-Denis zu überführen sei. Man übergab ihm das Skelett. So erreichte nur sein Herz die Stadt Dinan. Du Guesclin hat also vier Grabstätten, während die französischen Könige im allgemeinen nur drei besaßen (jeweils eine für Herz, Eingeweide und Körper).

Die berühmteste Bretonin ist Anne de Bretagne, die letzte Herzogin der von Frankreich unabhängigen Bretagne. Der deutsche Kaiser Maximilian vermählte sich symbolisch mit der kleinen Anne, indem er seine entblößte Wade unter ihr Deckbett steckte. Karl VIII., König von Frankreich, wollte sich diese gute Partie aber ebenfalls sichern. Er belagerte mit einer Armee von 40000 Mann die Stadt Rennes, aus heutiger Sicht ein ungeheurer Aufwand für eine Frau. Die Bürger von Rennes drängten Anne, sich diesen stürmischen König wenigstens einmal anzusehen. Die beiden trafen sich vor den Stadttoren und wundersamerweise verliebten sie sich ineinander. 1491 heiratete Anne Karl, im Alter von fünfzehn Jahren.

Das Glück hielt nicht lange, Karl starb schon mit achtundzwanzig Jahren unter tragischen Umständen. In lebhaftem Gespräch mit Anne vom Mahl kommend, stieß er mit solcher Wucht gegen einen zu niedrigen Türbalken, daß ihm nicht mehr zu helfen war. Es ist eben nicht ungefährlich, sich in eine intelligente Frau zu verlieben, mit der sich derart fesselnde Unterredungen entspinnen, daß man ungebremst gegen den Holzrahmen knallt.

Anne de Bretagne wird heute noch verehrt, weil sie die Bretagne zwar an Frankreich anschließen ließ, aber so klug war, dabei Privilegien herauszuschlagen. Sogar der Umstand, daß man auf den bretonischen Autobahnen auch heute noch keine Gebühren zahlt, soll ihr zu verdanken sein.

Bis in die Moderne galt die Bretagne als reaktionärer, räuberischer und rückständiger Winkel. Hier waren die Freibeuter und Korsaren zu Hause. Der Reichtum von Städten wie Saint-Malo geht auf von den Königen autorisierte Seeräuberei zurück. Hier gab es mit den Chouans den nennenswertesten Widerstand gegen die Französische Revolution. Dieser schmutzige Winkel Frankreichs galt als Verbannungsort für Beamte und Lehrer. Obwohl französische Beamte natürlich jeden Ort außerhalb von Paris als Verbannung empfinden. »Absägen« heißt im Französischen *limoger*, nach der Stadt Limoges...

Ende des 18. Jahrhunderts wurde das Erbe der Kelten europaweit zu einem Kultgegenstand. Die sogenannten »Keltomanen« vermuteten in den Resten der megalithischen Kultur Zeugnisse druidischer Weisheit. Die Initialzündung zu dieser Manie war eine Sammlung von Liedern des schottischen Sängers Ossian. Von Goethe bis Napoleon fanden sie ihre Bewunderer. Allerdings stellte sich bald heraus, daß sowohl Ossian als auch die mündlich überlieferten jahrtausendealten Gesänge Erfindungen des Übersetzers Macpherson waren. Die Keltomanen ließen sich aber nicht bremsen. Sie erfanden keltische Namen für die steinernen Zeugen der viel älteren megalithischen Kultur. Es ist etwas enttäuschend, daß die überraschend einleuchtenden bretonischen Bezeichnungen Menhir (»langer Stein«) und Dolmen (»Tischstein«) Kunstwörter aus dem 18. Jahrhundert sind.

Von der Begeisterung für die Kelten konnte die Bretagne auch nicht profitieren. Michelet, Hugo, Flaubert, keiner der Intellektuellen, die sie im 19. Jahrhundert bereisten, legte seine Vorurteile ab. Hugo schrieb 1835 an seine Frau: »Um sich von der Bretagne zu reinigen, braucht es einen Ozean.« Die Bretonen galten als so arm, daß sie angeblich kein Geschirr hatten und aus Aushöhlungen aßen, die sie in ihre groben Holztische schnitzten. Tatsächlich gibt es im Bretonischen nur zwei variable Adjektive: Das Wort für »arm« existiert im Plural, und das Wort für »betrunken« hat eine weibliche Form.

Mit dem Ersten Weltkrieg brach für die Bretagne eine neue Epoche an. Die Franzosen setzten ihre Bretonen, die als gutmütig und dumm galten, vorwiegend an vorderster Front ein, wo es die meisten Verluste gab. Dort dienten sie gemeinsam mit den Soldaten aus den afrikanischen Kolonien. Die Bretonen wußten nicht, wie ihnen geschah, sie sprachen ja kein Französisch. Seit dem 16. Jahrhundert gibt es im Französischen das Verb *baragouiner* (unverständliches Zeug brabbeln). Es setzt sich aus *bara* (Brot) und *gouin* (Wein) zusammen, zwei Wörter, die die Franzosen abends am Lagerfeuer von den desorientierten Bretonen oft zu hören bekamen.

Die Bretagne hat mehr Kriegsopfer zu beklagen als der Rest des Landes. Nahezu eine Viertelmillion Tote. Das Land brauchte sechzig Jahre, um seine Bevölkerungszahl von 1911 wieder zu erreichen.

Spätestens seit der Revolution hatte Frankreich nach Wegen gesucht, seinen Minderheitensprachen den Garaus zu machen. Nur in Paris wurde die Sprache der Vernunft gesprochen. Seit der Einführung der allgemeinen Schulpflicht in der zweiten Hälfte des 19. Jahrhunderts lernten alle kleinen Franzosen mit dem gleichen Lesebuch lesen. Der erste Satz darin lautete *»Nos ancêtres les gaulois«* (»Unsere Vorfahren, die Gallier«), was vor allem die Senegalesen und Algerier erst einmal verdauen mußten.

Aber erst nach dem Ersten Weltkrieg ging man dazu über, das Bretonische systematisch auszurotten. Um den Kindern ihre Sprache auszutreiben, wurde ihnen verboten, in der Schule bretonisch zu reden. Der jeweils letzte, der dabei erwischt wurde, bekam einen Holzschuh um den Hals gehängt und paßte genau auf, um ihn wieder loszuwerden. Auf den Tischen lagen Zettel mit Vorschriften:

AN ALLE SCHÜLER DIESER SCHULE:
ES IST VERBOTEN
1. BRETONISCH ZU SPRECHEN UND AUF DEN BODEN ZU SPUCKEN
2. MIT DEM FINGER IN DER NASE ZU BOHREN

So starb das Bretonische, das seit Urzeiten überlebt hatte, dank der modernen französischen Bildungspolitik, innerhalb weniger Jahre aus. Den Bretonen blieb nur der Kummer und die wehmütige Erinnerung an ihre knorrigen und stämmigen Vorfahren, angeblich ein Grund für den hier zu beklagenden Alkoholismus.

Lange waren die einen von ihnen Fischer und die anderen Bauern gewesen. Die Bauern sahen die Fischer nur, wenn diese ein paar Tage Landgang hatten und sich die Hucke vollsoffen. Deshalb waren die Bauern, die ja nie freihatten, der Meinung, die Fischer würden nichts tun, und konnten sie nicht leiden. Die Frauen der Fischer mußten die meiste Zeit ohne ihre Männer auskommen. Oft kamen die Fischer auch überhaupt nicht wieder, weil sie ertrunken oder abgehauen waren. Weil sich das aus der Entfernung schwer feststellen ließ, wurde der Tod eines Fischers erst nach fünf Jahren offiziell bestätigt. Auf manchen Inseln, auf denen sich die Männer fast nie sehen ließen, konnte sich eine Art Matriarchat entwickeln. Schon die Kinder fürchteten dort nichts mehr, als daß der Papa in Pension ging. Sie hatten ihn bis dahin nur betrunken erlebt und in den seltensten Fällen vermißt.

Heute ist die Bretagne eine moderne Region. Man trifft keine Menschen mehr, die in mit Stroh ausgestopften Holzpantinen laufen. Die letzten alten Frauen im Pays bigouden, dem Bigoudenland, die noch die berühmte röhrenförmig aufragende *coiffe* tragen, lassen sich an einer Hand abzählen. Dafür haben große Konzerne, wie Yves Rochers und Citroën in der Bretagne ihren Sitz, es gibt staatliche Meeresforschungsinstitute, Telekommunikationszentren, Millionen von Touristen überschwemmen das Land (besonders in heißen Sommern, wenn der Süden unerträglich wird), und es ist eine Legende, daß Frauen, die sich oben ohne am Strand sonnen von schwarzgekleideten Witwen mit Brennesseln ausgepeitscht werden.

Stade Brestois

Wie für jede Provinz spielt auch für die Bretagne der Sport eine große Rolle. Traditionelle Wettkämpfe, wie das bretonische Ringen *(Gouren)*, sind nie ganz ausgestorben. Auf Festen werden Strohballen geworfen, Holzschuhe geschleudert und Gewichte gehoben. Das Radrennen Brest–Paris–Brest (1200 Kilometer) wird seit 1891 ausgetragen und ist ein Klassiker. Die Tour de France war oft in der Bretagne zu Gast, Bernard Hinault, einer ihrer Helden, ist Bretone. Oft gibt es nicht nur beim Fußball, sondern auch beim Rugby und Tischtennis zwei Dorfmannschaften: eine kirchliche und eine laizistische, die sich unter keinen Umständen vereinigen würden. Manche von ihnen haben heroische Abenteuer im französischen Pokal erlebt.

Kurz vor acht fahre ich zum Brester *Stade Francis Le Blé*. Die Gegend ist zugeparkt, die Zuschauer strömen zum Eingang. Man hört schon die Gesänge von den Tribünen. Eine einfache Luke in einer Betonwand ist die Kasse. Darüber steht: »ERMÄSSIGUNG FÜR VERSEHRTE MIT HINWEIS ›PROBLEME BEIM STEHEN‹ IM AUSWEIS«.

»Bon match!« wünscht mir der Kartenabreißer. Eine bedrohlich steile Treppe aus nacktem Beton führt zur Haupttribüne. Plötzlich steht man inmitten einer bun-

ten Masse. Zwischen den Fahnen der Vereine entdecke ich das *Gwenn ha du* (»Weiß und Schwarz«), die bretonische Flagge. Sie wurde 1925 entworfen, die fünf schwarzen Streifen symbolisieren die ehemaligen Bistümer der Bretagne (Rennes, Nantes, Dol, Saint-Malo, St-Brieuc), die vier weißen Streifen die der Niederbretagne (Léon, Cornouaille, Vannes, Tréguier), das Wappenfeld mit den Hermelinmotiven steht für das ehemalige Herzogtum Bretagne. Der Hermelin erinnert an eine alte bretonische Devise, denn diesem Tier wurde nachgesagt, daß es sich lieber fangen ließ, als auf der Flucht durch den Schlamm seinen Pelz zu beschmutzen: *»Kentoc'h mervel eget bezan saotret«* (»Lieber tot als beschmutzt«).

Ich setze mich genau in die Mitte der Tribüne. Ich weiß nicht, in welcher Liga *Stade Brestois* spielt, ich weiß ja nicht einmal, welche die Brester sind. Von Louhans-Cuiseaux, der Stadt, aus der der heutige Gegner kommt, habe ich noch nie gehört. Vielleicht ist dort ein wichtiger Konzern ansässig, der sie sponsert? Das Panorama ist überwältigend, links sieht man ein Stück von der Bucht, und uns gegenüber geht die Sonne unter und taucht den Himmel in herrliche Rottöne. Von den Balkons der umliegenden Hochhäuser aus sehen die Leute aufs knallgrüne Spielfeld.

Unter den Zuschauern herrscht eine familiäre Atmosphäre, man sieht Kinder, Frauen, alte Männer, die die besten Zeiten des Klubs noch miterlebt haben, und sympathische Säufer, wie man sie nur hier trifft (ihre roten Nasen nennt man *»Fraise de Plougastel«*, nach den berühmten Erdbeeren von der Halbinsel Plougastel). Es sind vielleicht 5000 Zuschauer gekommen. Hinter dem

Tor hängt die Werbung eines hiesigen Wurstherstellers: DAS BRETONISCHE SCHWEIN WÜNSCHT IHNEN EIN SCHÖNES SPIEL. Möwen kreisen über dem Rasen. Das Heimpublikum ist so herrlich unobjektiv, wie es sich gehört. Sie rufen: *»Il a joué le ballon!«*, wenn der eigene Spieler den Gegner umgegrätscht hat, und *»Le carton! Le carton!«* (»Gelbe Karte!«), wenn der Gegner eindeutig den Ball spielt. Für gute Aktionen gibt es ein anerkennendes: *»Bien joué, ça.«*

Es macht Spaß zu beobachten, wie aufmerksam sie das Geschehen verfolgen. Ich verstehe wieder Brecht, der sich für sein Theater ein genauso kompetentes Publikum wie beim Sport wünschte. Warum sollten nicht auch im Theater die besten Einzelaktionen mit Applaus bedacht werden?

Hinter dem Tor trennt das Stadion nur eine niedrige Mauer von der Ausstellungsfläche eines Autohauses. Manchmal knallt der Ball gegen einen der neuen Wagen und alle jubeln. In der Pause spielen sie über Lautsprecher wie überall auf der Welt *Life is Live*. Dann etwas mit Dudelsäcken, damit man weiß, daß man in der Bretagne ist.

Éric

Éric ist in einer *habitation à loyer moderné* (HLM), einer Sozialwohnung, in der Nähe des Stadions aufgewachsen. Sein Vater war ein fußballbesessener Sportlehrer und erwartete von seinem Sohn die gleiche Leidenschaft. Er nahm ihn schon als Kind zu den Heimspielen von *Stade Brestois* mit. Éric hatte immer Angst vor diesen Sonnabenden, er haßte Fußball, schon weil ihn sein Vater immer zwang, vor dem Spiel an der Kasse so zu tun, als sei er noch vierzehn, damit er weniger bezahlen mußte. Dabei sah man Éric sein Alter längst an. Manchmal klappte es, aber oft musterten ihn die Verkäufer mißtrauisch und verweigerten ihm die Karte. Dann kam der Vater dazu und bezahlte murrend den vollen Preis. Éric hatte Angst vor jedem Geburtstag. Er hätte alles dafür gegeben, weiter wie ein Vierzehnjähriger auszusehen, um sich diese zunehmende Peinlichkeit zu ersparen. Abends sah er aus seinem Fenster und versuchte, mit kleinen Papierflugzeugen das Tor zu treffen. Er wünschte sich einen heißen Sommer, der das Gras für immer vertrocknen lassen würde. Aber statt dessen regnete es jeden Tag.

Père Guichou

Ich rufe beim »Bretagne Magazine« an, um mich nach einem Pater zu erkundigen, von dem ich in dieser Zeitschrift gelesen habe. Es hieß, er lebe im Altersheim und beschäftige sich dort mit einer Übersetzung der Bibel ins Bretonische. Nachdem er das Neue Testament aus dem Griechischen übertragen habe, arbeite er jetzt am Alten Testament. Was mich außerdem sehr interessiert, ist, daß er drei Jahre in Kriegsgefangenschaft in Ostpreußen verbracht hat.

Der Redakteur sucht mir die Nummer des Altenheims aus dem Telefonbuch, allerdings entschuldigt er sich, weil er sie nicht gleich findet, das Französische habe so viele Euphemismen, und er wisse nicht, wie sie in diesem Fall zu »Altenheim« sagen würden. Es sei aber leicht zu finden, »gleich neben dem großen Leclerc«. Die Nummer steht dann unter *Centre d'accueil*. Ich rufe dort an, und man stellt mich gleich zum *père* durch, der sehr aufgeschlossen ist und mir den Weg erklärt: »Gleich neben dem großen Leclerc.« Das scheint mir nicht sehr präzise in einer zusammengewürfelten Stadt wie Brest, aber er besteht darauf, daß ich »den großen Leclerc« schon finden werde.

Ich fahre durch die Vorstädte von Brest, in denen man immer wieder seltsame Bausünden aus der Nachkriegszeit entdeckt. Brest ist im Krieg ja fast vollständig zerbombt worden. Schade, daß noch niemand die futuristisch anmutenden Schmuckfassaden aus Beton für einen Fotoband gesammelt hat.

Als ich schon aufgeben will, weil ich mir hier kein Altersheim vorstellen kann, sehe ich ihn: den riesigen Leclerc. Weil ich noch ein Geschenk für den *père* kaufen will, gehe ich hinein. Allerdings brauche ich zehn Minuten, um das Regal mit der Schokolade zu finden und noch einmal zehn Minuten, um mich zu entscheiden. Dann stelle ich mich an einer der fünfzig Kassen an und bezahle.

Am *accueil* holt mich Père Guichou ab, er kommt extra die Treppe runter. Ein kleines Männlein mit feinen Gesichtszügen und buschigen Augenbrauen, dem man seine siebenundachtzig Jahre nicht ansieht. Er redet sehr schnell. Über dem schwarzen Priesteranzug trägt er eine grobe, blaue, ausgeblichene Arbeitsjacke. Er führt mich durch das ein wenig triste Gebäude zu seiner

Wohnung. Wir betreten ein winziges Arbeitszimmer, an das sich ein noch winzigeres Zimmer mit einem Bett anschließt. Zwei, drei Holzschränke füllen den Raum schon aus. Die vergilbten Tapeten stammen noch aus den Sechzigern. Man merkt gleich, daß ihm das nicht wichtig ist. Durchs Fenster sieht man frische, grüne Kastanienbäume und viel Rasen.

Im Regal stehen Bücher von Paul Claudel. Auf dem Tisch liegt eine aufgeschlagene hebräische Bibel. Ich setze mich dem Père gegenüber an den Schreibtisch. Im Licht einer von der Decke hängenden nackten Energiesparlampe sehe ich ein altes, graues Telefon, eine deutsche Schreibmaschine, ein Grundigradio aus den Siebzigern, einen sehr alten, kleinen Fernseher, sicher noch schwarz-weiß. Wird er meine Schokolade essen oder sie verschenken und die Schachtel zum Aufbewahren von Briefmarken benutzen?

Er will noch einmal wissen, was mich zu ihm führt, *»Alors, vous sillonez la Bretagne?«* Genau, *silloner*, das Wort hatte ich gesucht: durchfurchen, beackern. Ich erkläre ihm, daß bei uns an Büchern über die Bretagne immer Interesse bestehe. »Ja, die Deutschen sind Romantiker wie die Bretonen.«

Als erstes interessiert mich seine Kriegsgefangenschaft. Er erinnert sich genau an alle Daten, und ich beobachte, wie er sich auch die Ereignisse wieder vor Augen führt. Sein Vater hat sehr gelitten, als die Söhne eingezogen wurden: *»Mon père a connu la guerre, ça lui a fendu le cœur.«* Er hatte den Ersten Weltkrieg und Verdun erlebt. Gleich im Mai 1940 wurde Père Guichou gefangengenommen. Am 14. Juni, dem Tag der Einnahme von Paris, stand er schon zehn Kilometer von der russischen Grenze entfernt auf einem Feld und jätete Rüben.

Sie hatten großen Respekt vor diesem berüchtigten Preußen. Vom Lager aus konnten sie das Tannenbergdenkmal sehen. Ortsnamen fallen: Mühlhausen, Elbing, Hohenstein, Allenstein, Herzogswalde. Er kramt eine alte Deutschlandkarte vor, kann mir aber die Orte nicht zeigen, weil die Karte nur bis Elbing reicht. Ich nehme mir vor, ihm eine ältere zu schicken.

Als er zum ersten Hof gebracht wurde, trat die Bäuerin vors Haus und sah sich an, wen sie abbekommen hatte. Sie war wohl etwas enttäuscht und seufzte: »Ach, ein Pfarrer –«

Er verbrachte drei Jahre auf verschiedenen Bauernhöfen, hütete Kühe und las die Bibel. Sein Deutsch brachte er sich selbst bei. An die ostpreußische Aussprache, die von der Schreibung abwich, mußte er sich allerdings erst gewöhnen. Wenn er Heu holen sollte, hieß es: »Fier die Kiehe.«

Für die Ostpreußen war er als katholischer Pfarrer ein Exot. Einmal mußte er ein Pferd zum Schmied bringen, der ihn ganz mitleidig nach dem Zölibat befragte: »Sie heiraten nicht? Dann werden Sie, wenn Sie alt sind, nicht das Vergnügen kennen, daß Ihre Frau für Sie betet und Sie bedient –«

Am 22. Juni 1941, er schlief bei Elbing in einer Kammer über der Küche eines Bauernhauses, wurde er um sechs Uhr morgens von der deutschen Hymne geweckt. In der Küche fanden sie die Bäuerin, die ganz betroffen war, weil Deutschland Rußland den Krieg erklärt hatte. Er hatte schon lange geahnt, daß es losgehen würde, denn sogar beim Kühehüten war nicht zu übersehen gewesen, daß schon seit August 1940 immer mehr deutsche Soldaten aufmarschierten. Im August 1942 fiel sein Patron bei Leningrad. Die Frau war schwanger.

Nach dem Krieg hat Père Guichou mit anderen Franzosen einen Freundeskreis gegründet, von dem immer noch einige am Leben sind. Sie haben sich geschworen, an den Ort ihrer Gefangenschaft zurückzukommen, was lange nicht möglich war. Ab 1960 hat er dann alles mögliche unternommen, es doch zu schaffen. Auf einer Konferenz in Oxford lernte er einen Juraprofessor aus Warschau kennen, der den Kontakt mit polnischen Widerstandsgruppen herstellte. »Eher Rote«, sagt er lächelnd. 1963 haben sie dann die Gegend mit dem Zug besucht. Als er seinen letzten Bauernhof sah, war er ganz traurig, weil alles hinüber war: *»J'avais le coeur lourd, tout était fichu.«*

Über diese Reise hat er einen Bericht im »Journal des prisonniers de Preußisch-Holland« publiziert. Die deutschen Vertriebenen, die zu dieser Zeit nach allem suchten, was über ihre alte Heimat erschien, fanden auch seinen Bericht. Daraufhin wurde er von der Witwe seines Patrons angeschrieben, die inzwischen in Norddeutschland lebte, wo er sie besuchte. Mit der Frau ihres verstorbenen Sohnes schreibe er sich sogar heute noch.

Er reicht mir ein dickes rotes Buch, das Neue Testament, das er ins Bretonische übersetzt hat: *An Testament nevez. Kelou mad Jezuz or Zalver.* Jetzt arbeitet er daran, das Alte Testament aus dem Hebräischen zu übertragen. Auf dem Tisch liegt eine einsprachige *Biblia hebraica*, die 1937 in Deutschland in einem Stuttgarter Verlag erschienen ist. Er lobt die deutschen Philologen in den höchsten Tönen.

Ich frage ihn, welches Bretonisch er denn für seine Übersetzung benutze. Er erklärt mir, daß er diese Arbeit für seine Jugendfreunde mache, damit sie die Bibel in ihrer Muttersprache genießen könnten. Deshalb benutze er nicht das moderne Bretonisch, das nicht so bildhaft sei. Das alte Bretonisch sei, wie das Hebräische, eine Sprache des Ackers und des Bodens, und die Bauern drückten sich in Bildern aus: »Ein Bild ist so viel reicher als eine Idee.«

Wie ist er denn zu seinem Beruf gekommen? Als Kind war er Pensionär auf dem *collège*. In seiner Gemeinde hatten brave Leute ein Stipendium gestiftet. Sonst hätte er als eines von neun Kindern wohl kaum studieren können. Ein jüngerer Bruder und zwei jüngere Schwestern leben noch. Die Eltern hatten einen winzigen Bauernhof mit gerade mal einem Hektar Land. Sein sechs Jahre jüngerer Bruder sei auf der Farm geblieben, »er spricht nicht so gern Französisch«.

Zwischen 1935 und 1937 kamen zwei Jahre Wehrdienst in Syrien und im Libanon. Die Armee schickte damals Soldaten zum Verbreiten der französischen Kultur an die dortigen Schulen. So hat er ein Jahr in Aleppo verbracht und eines bei armenischen Christen in Beirut.

Nach dem Krieg war er sechzehn Jahre Lehrer am Grand Séminaire de Quimper. Damals gab es 300 Seminaristen, davon kann heute keine Rede mehr sein. Dann ging er für zwei Jahre nach Rom, wo er Italienisch gelernt hat.

Ich frage ihn nach der Zukunft des Bretonischen. Er erinnert daran, wie ihre Väter aus dem Ersten Weltkrieg zurückgekommen seien. Daß sie es als großen Nachteil empfunden hatten, nicht Französisch zu sprechen.

Daher rührte ein gewaltiger Minderwertigkeitskomplex. Jeder Bretone erzählt einem schließlich die Geschichte von der Entstehung des Verbs *baragouiner.* Es traf die Kinder hart, als ihnen in den Zwanzigern untersagt wurde, an den Schulen Bretonisch zu sprechen. Denn die meisten kamen aus einem rein bretonischsprachigen Elternhaus und hörten an der Schule zum erstenmal Französisch. Und die französische Sprache war überhaupt nicht geschaffen für die bretonische Landschaft. Denn nur im Bretonischen gibt es unzählige Wörter für »Grau«, »Sand«, »Wolken«.

Dennoch findet er es, obwohl er natürlich gegen jede Form von Unterdrückung ist, im Prinzip gut, daß der Unterricht in der Schule so streng gehandhabt wurde. Denn so hätten die Kinder gleich eine zweite Sprache gelernt. Und noch dazu von Anfang an das Französisch der Lehrer und nicht das der Straße.

Bretonisch sei ja keine leichte Sprache, allein das Phänomen der Mutationen. Also, daß der Anfangslaut eines Worts sich nach seiner Umgebung verändere. Für manche Wörter gebe es drei Varianten: *tad* – Vater, *va zad* – mein Vater, *da dad* – dein Vater. (Ein Argument, das den Ruf des Bretonischen, eine komplizierte Sprache zu sein, nicht unbedingt begründet. Denn das Französische selbst kennt eine ungeheure Differenz zwischen geschriebener und gesprochener Sprache. Etwa *grand enfant*, das sich [grãtãfã] spricht, *second* dagegen [segõ].)

Die Kinder, die heute Bretonisch lernten, würden es wie Franzosen aussprechen. Für ihn war es noch die Muttersprache, deshalb hat er keine Probleme mit den speziellen Lauten. Der berühmteste ist der »Ach«-Laut, für den man im 17. Jahrhundert die »c'h«-Schreibung eingeführt hat, um ihn vom französischen »ch« zu unterscheiden. (Prosper Mérimée, der Verfasser der *Carmen*, bereiste 1835 als Beauftragter der Regierung für Historische Monumente die Bretagne. Er schrieb an einen südfranzösischen Freund: »Diese Sprache hat der Teufel erfunden. Essen Sie eine rohe Olive, und beim Ausspucken werden Sie ein Geräusch machen, das ungefähr dem c'h entspricht.«)

Die Aktivisten des Bretonischen geben ihren Kindern mit Vorliebe Namen, in denen der c'h-Laut vorkommt. Heute ist es allerdings ohnehin üblich, seinen Kindern möglichst verschrobene Namen mit (mehr oder weniger verbürgtem) keltischem Anklang zu geben, nachdem man in früheren Zeiten gezwungen war, bretonische Namen wie »Perrig« willkürlich in »Pierre-Éric« ändern zu lassen. Sogar nach dem Zweiten Weltkrieg konnte es mit der Anerkennung von Namen bei der Administration noch Probleme geben. Weil die Anzahl der Vornamen von keinem Gesetz vorgeschrieben war, sollen die hartnäckigsten Väter auf der Mairie damit gedroht haben, ihrem Kind, im Fall daß ihnen nicht erlaubt würde, es »Gweltaz« oder »Nolwenn« zu nennen, 365 Vornamen zu geben und jede Woche eine Geburtsurkunde zu beantragen.

Bei Père Guichou klingt der »Ach«-Laut wie ein stark behauchtes »h«. »Die Deutschen waren überrascht«, sagt er, »weil ich ›Ach Gott‹ sagen konnte. Bei den anderen Franzosen, die vorwiegend aus Paris kamen, klang es wie ›Asch Gott‹.«

Ich will von ihm wissen, welche Teile der Bibel er am schwersten zu übersetzen fände. Die Evangelien seien nicht so schwer. Aber Paulus schreibe als Theologe abstrakter. Im Hebräischen seien die Propheten sehr schwer. Ihm sei klar, daß seine Zeit für das ganze Buch wohl nicht reichen werde. »Ich hoffe, ich kann die Propheten noch beenden.«

Was ich mich nicht zu fragen traue: Über welchem Satz aus der Bibel er sich wohl zu sterben wünscht?

Die Kugeln von Kerloan

Einer der ergiebigsten Wege, etwas über die wirkliche Bretagne zu erfahren, sind die Lokalzeitungen. Natürlich ist ihr intellektuelles und sprachliches Niveau nicht besonders hoch, aber sie sind überaus beliebt und verbreitet. Nur hier liest man die Preise vom Viehmarkt, Tips für Pferderennen und man kann sich über die Gezeiten informieren. In »Le Télégramme«, das im Finistère beheimatet ist (mit immerhin 200000 Auflage), lese ich, daß am Wochenende in Kerloan, einem Dorf an der Kanalküste, eine »Nationale Boule-Meisterschaft« stattfindet. Natürlich gibt es viele solcher selbsternannter »nationaler« Meisterschaften, aber das Foto der in einer Reihe stehenden Teilnehmer belehrt mich gleich, daß es nicht um das Prestige geht, das ich als Laie einer solchen Veranstaltung zugestehen mag, sondern darum, wie wichtig sie für die Teilnehmer ist. Den Spielern sieht man so deutlich an, daß sie unsportlich sind, dafür aber auf den Sieg konzentriert und von einer für Außenstehende unerklärlichen Leidenschaft besessen, daß ich beschließe, mir das anzusehen. Bei dem Ernst, den sie an den Tag legen, möchte man glauben, daß das Spiel sich vielleicht doch aus dem Brauch entwickelt hat, die Schädel seiner getöteten Feinde über die Feldwege zu rollen.

Kerloan liegt im nördlichen Léon, also in einer kargen, für ihre Religiosität bekannten Gegend. Es sollen sich hier wegen der großen Frömmigkeit nicht einmal die berühmten bretonischen Reigentänze verbreitet haben können, deren unterschiedliche Schrittfolgen sonst von Gegend zu Gegend gepflegt werden.

In Kerloan werde ich von Ordnern auf ein abgeerntetes Stoppelfeld dirigiert, das als provisorischer Parkplatz dient. Ich zahle zwei Euro Eintritt für das Wettbewerbsgelände. Mit der Eintrittskarte nehme ich automatisch an der Tombola teil und kann als ersten Preis einen Rasenmäher gewinnen. 5000 Zuschauer verteilen sich auf der Festwiese. Die alten Männer staken auf wackligen Beinen übers Gelände und studieren die umfangreichen Ergebnislisten. Der Rasen ist nach dem heißen Sommer verbrannt, vom Meer her weht ein böiger Wind, die Nachmittagssonne blendet. Im Bierzelt herrscht Hochbetrieb. Ich kaufe mir an den Bratwurstständen eine Merguez mit Pommes. Diese Bratwürste sind nicht besonders groß, dafür um so fettiger. An Pommes kommt man in der Bretagne leider nicht vorbei.

Frankreich gilt zwar als Land des guten Essens, aber im Stehimbißbereich haben sie es nicht weit gebracht. Sogar vom Döner Kebab muß man abraten, er kostet fünf Euro und besteht aus Baguette mit Pommes, Ketchup, Mayonnaise und ein paar Schnitzen fadem Dönerfleisch. Die Alternative dazu sind die in den Bäkkereien angebotenen Sandwichs, halbe Baguettes mit

Belag und Mayonnaise. Wenn man nach einem Salat verlangt, wird man groß angeguckt.

Ich bereue natürlich sofort, diese Pommes gegessen zu haben, aber dafür habe ich Glück mit meinem Platz. Die meisten der blauen Schalensitze auf der Zuschauertribüne sind nämlich leer, weil gerade eine Spielpause ist. Ich kann mich in die Mitte der Tribüne setzen, die Zeitung lesen und bis zum Finale warten.

Langsam kommen die Zuschauer, bis jeder Platz besetzt ist. Als der Sprecher die Nummer des Spielfelds durchsagt, auf dem das Finale stattfinden wird, brummen die Davorpostierten befriedigt. Bevor es losgeht, ruft ein Verantwortlicher die Zuschauer aus Kerloan auf, sich in den nächsten Tagen an der Demontage der Anlage zu beteiligen. Die Bretagne sei doch für ihre Solidarität bekannt. Genau, ich erinnere mich an den Bericht über einen Landwirt, der innerhalb kürzester Zeit 11 740 Schweine von zum Teil 300 Kilogramm Gewicht bei einem Brand verloren hatte. Er war verpflichtet, die Kadaver innerhalb von zweiundsiebzig Stunden zur Abdeckerei zu bringen, was ihm allein kaum möglich gewesen wäre. Weil er so von der Solidarität der über 700 freiwilligen Helfer gerührt war, sah er sich verpflichtet, den Hof wieder aufzubauen, den er nach diesem Schicksalsschlag eigentlich hatte aufgeben wollen.

Dann kommt das Kulturprogramm: Eine Folkloregruppe spielt auf der *biniou*, dem hiesigen Dudelsack, und der *bombarde*, einer Tröte, die eine Art schrillen Oboen-Ton erzeugt. Sie tragen Anzüge mit Bauchbinden und schwarze Hüte mit Seidenschleifen. Der Dirigent stampft gebieterisch den Takt. Böse Zungen behaupten, diese Musik sei dazu gedacht, die Äpfel von den Bäumen zu holen. Man kann gut nachvollziehen, wie leicht es nach dem Krieg einer ganzen Generation gefallen ist, sich von der Folklore ihrer Vorfahren loszusagen. Den Tänzen gebricht es im Vergleich etwa zum Flamenco einfach an Explosivität. Eine Gelegenheit zum Tanz bot sich früher, wenn nach der Ernte der Dreschplatz wieder hergerichtet werden mußte. Man bestreute ihn mit Tonerde, die von den Tänzern festgetreten wurde.

Man faßt sich am kleinen Finger an und dreht sich gemeinsam im Kreis, die Männer machen kokette Hüpfer, die Frauen umtänzeln ihren Partner zögernd und wiegen sich in den Hüften. Wir beobachten das Schauspiel und denken über den Wandel der Zeiten nach.

Dann sagt der Sprecher: »Die Gruppe Ar vro könnte uns sicher noch bis Mitternacht vortanzen, aber jetzt wollen wir doch zum Finale der Nationalen Boule-Meisterschaften von Kerloan schreiten.« Die Gruppe Ar vro läßt sich aber nicht so leicht vertreiben. Der Dirigent stampft den Takt, als hätte er nichts gehört, die Tänzer haben die erste Annäherung gerade erst hinter sich gebracht, es ist nicht auszuschließen, daß dieser komplizierte und züchtige Vorgang heute noch dazu führen wird, daß Mann und Frau sich umarmen. Aber soweit kommt es nicht, weil die Boule-Spieler in einer Reihe antreten und die Folkloregruppe mit stürmischem Applaus zum Aufgeben bewegt wird. Die Honoratioren erscheinen und drücken den Spielern die Hand. Im Finale kämpft das Team Bartoli aus Marseille gegen das Team Olmos aus Nantes. Man errät leicht, welche der Mannschaften die Bartolis sind. Sie sind groß und braungebrannt und tragen Hemden und Hosen aus weißem Stoff. Der Jüngste erlaubt sich sogar eine schwere Goldkette. Sie lassen gelangweilt die Kugeln in den Händen klackern und zeigen keine Anzeichen von Nervosität. Der Älteste von ihnen hat einen runden Bauch, einen Stiernacken und ein gutmütiges Mafiaprofil, vielleicht ist er Fleischer. Die Spieler aus Nantes stehen daneben etwas verloren da, sie sind alle einen Kopf kleiner, tragen alte Wollpullis und ausgebeulte Jeans und watscheln auf kurzen, stämmigen Beinen.

Bevor das Spiel beginnt, wird ein Junge aus dem Publikum fürs Umblättern der Punktetafel gesucht. Der Sprecher fordert uns auf: *»Ne pas bouger pendant le déroulement du jeu!«* Dann halten die Zuschauer den Atem an. Wer von den Kontrahenten nicht am Zug ist, spielt nervös mit seinen Kugeln, als müsse er sich deren Gewicht nach all den Jahren immer noch einprägen. Man kann sie immer von einer in die andere Hand gleiten lassen, man kann sie sich hinter dem Rücken von der linken in die rechte Hand reichen, man kann sie aber auch am angelegten Arm ein Stück am Körper hochrollen lassen.

Es ist so still, daß man nur das metallische Klacken hört. Vor dem Wurf wird lange die Spielsituation analysiert, dann in Ausgangsposition gegangen, dann noch einmal aufgestanden, dann der Boden festgetreten und schließlich so lange gezögert, bis das Publikum zu murren beginnt. Dann geht der Spieler in die Hocke, visiert an, richtet sich auf und wirft die Kugel dabei in hohem Bogen.

Die Männer aus Nantes liegen schnell 2:0 zurück, dann 5:0. Dann sogar 10:0. Ein für eine Boule-Partie katastrophales Ergebnis. Es ist nicht ihr Tag. Jedesmal, wenn Nantes einen wichtigen Wurf verpatzt, stöhnt das

Publikum auf. Marseille ist einfach zu gut. Der Junge mit der Goldkette wirft als letzter und räumt mit hundertprozentiger Treffsicherheit die fremden Kugeln ab. Und das mit einem gelangweilten Gesichtsausdruck, als verwundere ihn das selbst am allerwenigsten. Seine Mitspieler feuern ihn an: *»Allez, Papa!«*, aber das hat er gar nicht nötig.

Am Ende verliert Nantes mit 12:2. Aber davon geht die Bretagne nicht unter. Es war ja auch viel zu sonnig für ein richtiges Spiel.

Die Steine von Carnac sind große Steine

Vor einer größeren Reise tut man gut daran, sich sein Programm zurechtzulegen. Bevor ich losgefahren bin, habe ich mir eine Liste mit den wichtigsten Sehenswürdigkeiten gemacht. Ich muß ungefähr zwanzig einzigartige Städte mit mittelalterlichem Fachwerkzentrum besuchen, diverse malerisch gelegene Fischerhäfen, mich zwischen einem Dutzend einsamer Inseln und exotischer Inselgruppen entscheiden, ein paar der 4000 geheimnisvollen Dolmen sehen, die Menhire sollen gar nicht zu zählen sein. Ich muß von steilen Klippen gukken und mich in den märchenhaften Wäldern im Landesinneren verlaufen. Ich kann mich vom *Musée de la Résistance Bretonne* bis zum Honigmuseum immer tiefer in die Region einarbeiten, ich kann Meeresaquarien besuchen, an kilometerlangen Stränden den Wellen zusehen, ich muß die *tour des calvaires* machen, um wenigstens ein halbes Dutzend der mittelalterlichen *calvaires* mit ihren seltsam realistischen Figurensammlungen zu studieren. Natürlich muß ich, um von der einen zur anderen Sehenswürdigkeit zu gelangen, möglichst nur Straßen benutzen, die auf der Michelin-Karte grün markiert sind, denn dort ist die Aussicht am schönsten. Wenn ich das alles geschafft habe, muß ich noch einmal von vorn beginnen, weil ich jetzt erst den Vergleich habe und ein Auge für die Feinheiten entwickle.

Und da ich das alles tatsächlich getan habe, kann ich nur jedem raten, sich von Vollständigkeitsansprüchen freizumachen. Die Bretagne ist zwar räumlich nicht sehr groß, aber die Wege verzweigen sich, die Küsten sind zerfranst (es gibt 1300 Küstenkilometer), die Schönheiten liegen verborgen, am besten man fährt einfach los und genießt jeden Tag. Das ist natürlich eine Binsenweisheit, aber ich habe genug gelitten, um mir das Recht anzumaßen, sie zu verkünden.

Ein paar der berühmtesten Orte haben mich eher enttäuscht.

Locronan

Locronan wird in jedem Reiseführer gepriesen. Das Städtchen hat im Spätmittelalter durch Segeltuchexport Reichtum erlangt. Aus dieser Zeit stammt der Marktplatz mit seinen Granitfassaden. Mehreren Filmen hat er wegen seines einmaligen Charakters als Kulisse gedient. In Locronan findet alle sechs Jahre die *Grande Troménie* statt, eine Wallfahrt zu Ehren von St-Ronan.

Man muß außerhalb des Ortes parken, neben den

vielen Wohnwagen. Wie Fliegen versammeln sie sich immer an den schönsten Stellen der Bretagne. Erstaunlich, diese Manie, für jede Fortbewegungsart das passende Gefährt mitzuführen: Moped und Fahrrad sind am Heck festgeschnallt, ein Kanu und Surfbretter auf dem Dach. Für Regentage ist zudem eine Satellitenschüssel oben angebracht.

Die Parkplätze haben unbewachte, aber trotzdem blitzsaubere Toiletten. Man folgt den anderen Deutschen, die noch steife Knochen von der langen Fahrt haben und sich die Beine vertreten. Man trifft in der Bretagne alle naslang Deutsche. Manchmal sind es auch keine Deutschen, sondern Engländer, aber das macht es nicht besser.

Von einer gepflegten Picknickecke aus sieht man das Meer und den Ménez-Hom, einen Berg, der den Zugang zur Presqu'île de Crozon beherrscht. Ich gehe zum zentralen Platz und noch schneller wieder weg. Was für ein Horror! Es gibt nichts, was hier an normales Leben erinnert. Legoland könnte nicht künstlicher wirken. In allen Häusern locken Geschäfte mit landestypischen Waren: Kekse, Keramik, Honigschnaps, Schautafeln mit Seemannsknoten, Modelle von Rettungsringen, Buddelschiffe, Ansichtskarten von Orten, die wie Locronan aussehen, und wo man sich Ansichtskarten von Locronan kaufen kann. Vor den Buchläden liegen bändeweise Erinnerungen früherer Generationen aus. Gerne mit alten Aufnahmen auf dem Einband. Ein Bauernpaar: er mit Flickenhosen und Pfeife, sie krumm und die von der Arbeit knotigen Hände über dem Bauch gefaltet. Gesichter wie Kraterlandschaften, Armut, Falten, Mühsal. Damals, als das Leben noch echt und fordernd war. Die Sehnsucht der Zivilisationsmüden nach einer schicksalhaften Existenz.

An jeder Ecke kann man auf Hinweisschildern und Wegweisern lesen, was einen hinter der Ecke erwartet. Jeder Spazierweg ein Erlebnispfad. Warum soll ich hier Keramik, Karamelbonbons und Kekse kaufen? Wahrscheinlich gibt es das alles auch im KaDeWe, nur daß ich dort auch nie hingehe.

Der Ort wirkt wie eine schöne Greisin, der in obszöner Weise ihr Alter weggeschminkt wurde. Sogar die Bankfiliale macht auf Bauernhaus. Wenn man etwas fotografieren will, das nicht wie für Ansichtskarten zurechtgemacht aussieht, muß man den Fokus benutzen und ins Detail gehen. Ein paar Steinbänke und Töpfe vor einer Eingangstür sehen immerhin ganz echt aus. Ich knipse die hohen Stufen am Friedhofseingang, die verhindern sollen, daß die Korrigans, kleine Zwerge und Trolle, zu den Gräbern der Toten können. Die Korrigans haben sich im Gegensatz zu den Touristen wenigstens versteckt. Gegen die bräuchten Orte wie Locronan eigentlich viel höhere Barrieren.

Mont St-Michel

Durch ein Spalier von Keksläden und Hotels geht es zum Damm, der zum Mont St-Michel führt. Man wird auf einen Parkplatz geleitet, für den man vier Euro bezahlt. Ich steige aus, die Sonne knallt. Das Wasser ist aus der Bucht gewichen, der Berg steht einsam in einer kilometerweiten Schwemmsandlandschaft. Motorradfahrer sind von ihren Maschinen abgestiegen und haben sich abseits des Wegs auf die Wiese geschlagen, um grasende Schafe zu fotografieren, die es anscheinend bei ihnen zu Hause nicht gibt. Die Knie ihrer albernen Ledermonturen sind ausgebeult. Wahrscheinlich fühlen sie sich verwegen wie Ritter der Landstraße. Aber ob die Ritter zu Fuß auch so albern ausgesehen haben?

Der Mont St-Michel: unzählige Restaurants, Kitsch- und Tinneläden. Selbst, wenn man auf den ersten Metern noch gutmütig ist, es handelt sich schließlich um ein Weltbaudenkmal, das zu Recht viel besucht wird, wünscht man sich bald ein Zweihänderschwert, um sich den Weg durch die Menschenmassen zu bahnen. Michael Jackson, der so gerne in Las Vegas nachgemachte Antiquitäten kauft, hätte seine Freude am Angebot der Geschäfte. Ein Mekka für Schneekugelsammler. Eine englische Schulklasse mit gelben Basecaps, auf denen »St-Patricks-School-Normandie-Trip« steht, quält sich die Treppen hoch. Nach jeder Ecke stöhnen die Kinder gelangweilt: *»More steps?«* Ein Wunder, daß es hier noch keine Rolltreppen gibt, um den Touristen den Aufstieg auf den achtzig Meter hohen Granitblock zu erleichtern.

Eines wird einem nicht gelingen: ungefilmt oder unfotografiert nach oben zu gelangen. Es wäre eine interessante Kunstaktion, die Aufnahmen eines Tages zu sammeln und in einer Galerie auszustellen, ein vollständigeres Bild eines Ausschnitts unserer Realität dürfte selten zustande kommen.

Und dabei war der Berg früher einmal ein Gefängnis. Wahrscheinlich hätten viele Menschen damals nichts lieber getan, als von hier zu fliehen, jetzt kommen sie freiwillig, in der Hauptsaison bis zu 12 000 am Tag, vier Millionen im Jahr. Diesen Massen stehen ganze fünfzig Einwohner gegenüber.

Über allem thront die Kathedrale, eine dieser mittelalterlichen Kollektivleistungen, deren Schöpfer man so wenig kennt, wie den Schöpfer des neuen Citroën, wie Roland Barthes bemerkt hat. Niemand hätte diesen Bau so planen können, er ist eigentlich das Resultat von Bausünden aus vielen Jahrhunderten. Wer würde es heute wagen, so einem Ensemble, in dem sich romanische, gotische und Renaissanceelemente vereinen, einfach eine unserem heutigen Geschmack entsprechende Bauschicht hinzuzufügen? Früher hatte man weniger Respekt vor dem Vorgefundenen. Erstaunlicherweise fügt sich dieses *work in progress* aus verschiedenen Stilepochen zu einem beeindruckenden Ganzen. Dieser von einer Kathedrale gekrönte, vom Wasser umspülte Fels hat die Vorstellung des Abendlands vom Turm von Babel und vom himmlischen Jerusalem geprägt. Und sicher auch von Batmans Gotham City.

So müßte es mit Texten funktionieren: den Anspruch auf Geschlossenheit und Perfektion aufgeben und das Interessante in der chaotischen Bauart suchen, die man von weitem für harmonisch hält. Wenn man einen älteren Text redigiert, befindet man sich ja selbst immer schon auf einem ganz anderen Niveau. Entweder man reißt alles ein, oder man schmückt die Ruine aus.

Leider kostet der Eintritt zur Kathedrale sieben Euro, womit man als Alleinreisender schon bei elf Euro ist, was eine Familie zu bezahlen hätte, rechne ich mir lieber nicht aus. Aber wer solche Gebäude mit seiner Familie besucht, macht sich ja auch das Leben unnötig schwer. Ich kreuze das imaginäre Schwert meiner digitalen Kamera mit denen der japanischen Reisegruppe, deren Führung ich mich angeschlossen habe. Unser Führer huldigt der Bedeutung des Baus mit besonderer Theatralik. Er wedelt mit den Händen, rollt die Augen, hält mit geneigtem Kopf für eine Kunstpause inne und explodiert dann wieder in den nächsten Satz. Wenn ich Thomas Mann wäre, hätte er eine Nebenrolle in meinem nächsten Buch sicher.

Immerhin gelingt es einem an manchen Stellen, sofern man zu der gewaltigen Abstraktionsleistung fähig ist, sich 12000 fotografierende Menschen wegzudenken, sich der Stimmung des Orts hinzugeben. Es ist erhebend, sich auf diesem Felsgipfel in der Brandung zu wissen und die Ruhe eines Gewölbes zu genießen. In der Kathedrale stammt jede Wand aus einer anderen Stilepoche. Man kann mit einer Drehung verfolgen, wie die Bauweise sich verkompliziert und verfeinert hat. Die schmalen Fensterschlitze im Speisesaal der Mönche lassen das Tageslicht herein und bleiben selbst versteckt. Der Kreuzgang ist das Sahnehäubchen. »Hier kann man gut meditieren«, erklärt der Führer. Die Funktion der Säulen sei, es einem in Momenten der Einkehr zu ermöglichen, sich an etwas Festes zu lehnen, um sich ganz auf seinen Geist konzentrieren zu können. Leider erschweren nachträglich eingebaute Scheiben die Sicht aufs Meer.

Unten mache ich den Fehler, in einer der Crêperien mit Blick auf die Bucht zu essen. Für eine *galette complète*, eine Crêpe mit Apfelmus, einen Viertel Cidre und einen kleinen Kaffee zahle ich neunzehn Euro fünfzig. Ich lehne mich unwillkürlich an eine der Säulen, um von der Botschaft nicht überwältigt zu werden.

Pont-Aven

Beim ersten Mal bin ich ohne zu halten durch Pont-Aven gefahren. Aber was soll man tun, ich war immer ein Fan von Gauguin, und vielleicht konnte man ja doch noch eine Ahnung davon bekommen, was im 19. Jahrhundert so viele Maler hergelockt hat. Auf einem Foto bevölkern sie eine der Brücken im Ort. Die vielen jungen Männer passen kaum ins Bild.

1886 lebten in Pont-Aven 100 Maler. Gauguin kam mit achtunddreißig zum erstenmal hierher. Die Bretonen wurden damals von den Franzosen als eine Art edle Wilde im eigenen Land entdeckt, der unverfälschte Gegenpol zur Pariser Décadence. Bilder, wie *Le Pardon de Kergoat* entstanden, auf dem Jules Breton 1891 die bescheidene Frömmigkeit und den religiösen Glanz in den Augen der Bretonen verewigt hat. Eine seiner stimmungsvollen Impressionen von der Kartoffelernte hängt sogar im New Yorker Metropolitan Museum of Art. Das Braun des Ackers und das Gold des Sonnenuntergangs sind so schön, daß man sich fragt, warum die Bauern die Arbeit überhaupt je unterbrechen.

Einen Gipfel erreichte die Idealisierung dieser einfachen Menschen in Pierre Lotis Roman *Islandfischer.* Eine rührende Schmonzette über Fischer, die in männlich-herber Schicksalsgemeinschaft in der Enge ihrer Kajüten und in der meersalzgetränkten Luft ihrer Arbeit nachgehen, während sie verächtlich ihren Kautabak ausspucken. Im Sommer fahren sie bis vor Island, um Kabeljau zu fischen. Manchmal tauchen im Nebel Geisterschiffe auf, mit Ertrunkenen an Bord. Zu Hause beten die frommen Frauen für die Rückkehr ihrer Männer. Jedes Jahr bekommt die Frau ein Kind, das der Mann bei seiner Ankunft im Herbst zum erstenmal sieht. Wenn die Schiffe nach und nach heimkehren, bleibt aber immer wieder eines aus. Gaud liebt Yann, weil er einmal (!) mit ihr getanzt und sie dabei auf so behutsame und gewinnende Art an sich gedrückt hat. Ein Berg von einem Mann, aber er ist trotzig und geht ihr zwei Jahre aus dem Weg. Zwei Jahre, in denen sie auf eine zufällige Begegnung hofft, und wenn sie sich einstellt, aus Scham und Stolz kein Wort herausbringt. Aber ihr Warten ist nicht umsonst, denn irgendwann kommt Yann zur Vernunft, sie heiraten eilig und haben nur eine Woche Zeit für ihre Liebe, bevor er wieder in See stechen muß. Natürlich kehrt er nie zurück. Sie wird noch lange in den Winter hinein warten und die Beulen streicheln, die seine muskulösen Schultern in seine Wollpullover gedrückt haben.

Solche Menschen hat man im 19. Jahrhundert in der Bretagne gesucht. 1888 schrieb Gauguin an Schuffenecker: »*Quand mes sabots résonnent sur le sol de granit, j'entends le ton sourd, mat et puissant que je cherche en peinture.*« (»Wenn meine Holzschuhe auf den granitenen Boden aufschlagen, höre ich jenen dunklen und kräftigen Laut, den ich in der Malerei suche.«) Heute läuft in Pont-Aven niemand mehr in Holzschuhen über den Granit. Als ich beim zweiten Mal doch aussteige und mir zum

Trost die Zeitung kaufen will, durchwandere ich den ganzen Ort auf der Suche nach einer Bar-Tabac, wie es sie sonst in jedem Nest gibt. Am Ende finde ich eine, in der sich die letzten Einheimischen, die noch nicht verdrängt wurden, betrinken. Es gibt keinen Fleischer, keinen Bäcker, nur Galerien, Crêperien und Keksgeschäfte. Die Touristen, die aus ihren Bussen steigen, fotografieren einen Schwan im Mühlenbach. Sie sehen aus wie das Casting für die nächste Doppelherz-Reklame. Das Abstoßendste sind allerdings die Bilder der Amateurmaler in den zahllosen Galerien. Daß man ihm auf so peinliche Art nacheifert, kann Gauguin unmöglich gewollt haben. Vielleicht ist es seine späte Rache dafür, daß man auf der ersten Auktion nach seinem Tod sein Bild *Village Breton sous la neige* auf dem Kopf stehend angeboten hat.

Wenn man bedenkt, was die Maler mit ihrer Begeisterung für diesen Ort angerichtet haben, kann der Rat an die Gegenwart nur lauten: Sperrt die Maler aus!

Megalithen

Die Megalithen stehen emblematisch für die Bretagne. Dabei stammen sie gar nicht von den Kelten, sondern von ihren Vorgängern, dem sagenhaften Megalithenvolk. Aus irgendeinem Grund hat dieses Volk in ganz Europa Tausende Steine aufgerichtet. Manche sind schwerer als die größten ägyptischen Obelisken. Die späteren Einwohner der Bretagne haben sich ihren Reim darauf gemacht. In den Dolmen sehen sie Eingänge zum Reich der Korrigans im Innern der Erde. Die niedrigen Steingänge wären ja auch ideale Wohnungen für Zwerge. Man hat mehr als 700 Legenden über die Menhire gezählt. Oft wird berichtet, daß die Steine verzauberte Menschen seien. In Brasparts wurde eine zwanzigköpfige Hochzeitsgesellschaft in Menhire verwandelt, weil sie nicht mit dem Tanzen »des großen Jabadao« aufhörten, als ein Priester mit dem Sakrament vorbeiging. Auch Mädchen, die am Sonntagmorgen tanzen, statt zur Messe zu gehen, haben sich in Steine verwandelt. Die Alignements von Carnac mit ihren über 5000 Menhiren gehen dann wahrscheinlich auf eine megalithische Loveparade zurück.

Oft weisen Schilder auf Steinmale hin. Es lohnt sich aber gar nicht, diesen Schildern Beachtung zu schenken, weil man in der Bretagne ohnehin auf Schritt und Tritt über Menhire und Dolmen stolpert.

Es gibt allerdings einige ganz besondere Exemplare zu besichtigen. Weil das Volk nicht abließ, die Menhire als Fruchtbarkeitssymbole anzubeten und »den Unterleib« daran zu reiben, wurde vielen Menhiren von seiten der Kirche ein Kreuz in die Spitze gemeißelt. Ein schönes Beispiel dafür ist der christianisierte Menhir bei Trébeurden.

Besonders beeindruckend ist der *Menhir brisé* von Locmariaquer. Man findet ihn an der Spitze einer Halbinsel, die den schmalen Zugang zum Golf von Morbihan markiert. Der zwanzig Meter lange *Menhir brisé* liegt in vier Teile zerbrochen am Boden und wirkt wie ein großes, schlafendes Tier. Leider muß man, um ihn und ein bißchen gemähten Rasen zu besichtigen, vier Euro fünfzig Eintritt zahlen. Angeblich ist Heinrich Heine auch schon hier gewesen, aber sicher noch ohne Eintritt.

In der Nähe befindet sich mit den Alignements von Carnac eine der gewaltigsten Kultstätten der Menschheit. Tausende Menhire reihen sich in mehreren Steinfeldern auf. Flaubert stellte sehr richtig fest: *»Les pierres de Carnac sont des grosses pierres!«* Sie sind inzwischen eingezäunt worden, um die von den Touristenströmen verursachte Bodenerosion zu stoppen. Im Hintergrund werden die Steine von einem der typischen konischen Betonwassertürme überragt. Was ist nun das beeindrukkendere Denkmal menschlicher Bautätigkeit?

Den Cairn von Barnenez bei Morlaix kann man kaum verfehlen, man wird schon von weitem durch Schilder darauf hingewiesen. Beim ersten Mal war ich enttäuscht, weil der Cairn wegen eines Streiks geschlossen war, beim zweiten Mal, weil der Eintritt vier Euro kostete. Ein Cairn ist eine Folge von Dolmengräbern. Die Dolmen wurden schon fälschlich für Opferaltäre gehalten, sie waren aber ursprünglich mit Steinen bedeckt, die in späteren Zeiten abgetragen und als Baumaterial genutzt wurden. Der Cairn von Barnenez ist in seiner ursprünglichen Form rekonstruiert worden, man sieht also einen großen Steinhaufen, durch den man an zwei Stellen hindurchgehen kann. Die Aussicht auf die Bucht ist zweifellos berauschend, aber der Steinhaufen bleibt auch nach mehrfacher Umrundung nur ein Steinhaufen. Ich überlege, ob ich für zu Hause einen Stein klauen soll, aber ich habe Angst, daß dann alles einstürzt.

Merlins Grab

Der Wald von Brocéliande hat früher weite Teile der bretonischen Halbinsel bedeckt. Davon sind nur etwa 7000 Hektar südwestlich von Rennes geblieben. Hier haben sich die Geschichten um König Artus und seine Tafelrunde abgespielt. Sogar das Grab von Merlin liegt hier, auch wenn die Engländer und Schotten es auf ihrem Territorium sehen. Der Themen- und Motivkomplex um Artus und seine Ritter ist im 12. Jahrhundert von Chrétien de Troyes für den höfischen Roman ausgebeutet worden und hat als sogenannte *Matière de Bretagne* seine Wirkung in ganz Europa entfaltet. Hartmann von Aue und Wolfram von Eschenbach haben die Romane Chrétiens später ins Deutsche übertragen.

Am späten Nachmittag erreiche ich Paimpont, das mitten im Wald von Brocéliande liegt. Ich fahre gleich weiter zum *Tombeau de Merlin.* Wann hat man schon einmal die Gelegenheit, das Grab eines Magiers zu sehen? Ich parke am Waldrand und folge einer Gruppe Touristen. Als ich sie überhole, laufen mir ihre Kinder nach. Das Grab ist ziemlich profan, ein paar zerschlagene Megalithen, wie sie überall und viel schöner zu sehen sind, eine Eiche (der Baum der Druiden) und eine Stechpalme (eine erstaunliche Pflanze, bei der die sonst so friedlichen Blätter Stacheln haben). Die Steine sind garniert mit Wunschzetteln. Eine Mutter verbietet ihrem Kind, sie rauszuziehen. Ich überlege, was mein größter Wunsch wäre, aber wie immer fällt er mir nicht ein. Als die Gruppe weg ist, sehe ich mir die Zettel an: »Ich möchte die Beste in der Klasse sein.« – »Merlin, hilf mir, meine Handtasche wiederzufinden.« Ich stecke einen eigenen Zettel dazu: »Merlin, mach, daß ich das beste Buch über die Bretagne schreibe, und daß ich nie eine Streber-Freundin bekomme, die auf Handtaschen steht.«

Ein Stück weiter im Wald kommt die *Fontaine de la Jouvence*, ein kleines, von Mauersteinen eingefaßtes Wasserbecken. Die Kelten hatten eine innige Beziehung zu ihren Quellen, oft haben sie irgendeine Zauberwirkung. Aber auch der Rest der Landschaft war heilig: Inseln, Bergkuppen, Eichen, Kaps. Das Kindergeschrei folgt mir schon wieder. Heute braucht man gar keine Geister mehr, um die Menschen zu erschrecken, die Kinder haben längst deren Rolle übernommen.

Ich umfahre die ganze Gegend, es gibt herrliche Ausblicke auf den ausgelichteten Wald. Wieder in Paimpont campe ich für fünf Euro auf dem Zeltplatz. Eine Oase der Zivilisation mitten im Märchenwald. Grüner, kurzgeschnittener Rasen, Wohnwagen, Stromanschlüsse an jedem Stellplatz, saubere Duschen, Telefonzellen. Es ist schon spät, ich fürchte, ich bekomme nirgends mehr etwas zu essen. Deshalb gehe ich schnell in den Ort, wo ich das *Relais de Brocéliande* gesehen habe. Wenn der Schlafplatz feststeht, ist man doch gelöster. Das Restaurant wirbt für sich selbst: »PROFITIEREN SIE MIT GENUSS VON EINEM MOMENT DER MUSSE«. Ich nehme *un grillade de sanglier* und einen Fischteller. Daß es Arbeit ist, wenn ich jetzt hier in der Dämmerung sitze und mit Blüten garnierten Wildschweinbraten mit Pilzen esse, muß ich dem Finanzamt erst noch erklären.

Essen ist der Sex des Alters, hieß es irgendwo. Dann fange ich ja früh damit an. Immerhin ekle ich mich doch ziemlich vor diesen Langusten mit ihren langen Fühlern und den schwarzen Augen, die aus dem Schädel herausragen. Ich bekomme es auch nicht hin, sie zu öffnen und zerhacke die Panzerung. Einer meiner größten Triumphe im Studium war, als ich meine französische Lektorin darauf hinweisen konnte, daß es bei Crevetten *décortiquer* und bei Bohnen *écosser* heißt, sie hatte das verwechselt. Daraufhin mußte ich in der mündlichen Prüfung fast nichts mehr sagen. Wie immer hatte ich auch diese Information vollkommen zufällig behalten, in diesem Fall nur, weil man in der Bretagne nicht umhinkommt, Crevetten auszupulen.

Mir gegenüber sitzt ein Pärchen. Er mit schütterem Haar, Brille, vielen Leberflecken, Sonnenbrand, etwas unsportlich, Jeans, diese verkrampfte Beinhaltung unter dem Tisch, die Knie eng beieinander. Sie ist ziemlich braun, sehr bürgerlich und auf Haltung bedacht. Ist er ein Beamter oder ein Programmierer? Sie nehmen das Menü zu achtundzwanzig Euro, ich hatte ja nur das zu zweiundzwanzig Euro. Die Chefin behandelt sie besonders freundlich: »Gefällt Ihnen das Zimmer? Man sieht den Sonnenuntergang.« »*Eh bien, alors* . . .«, sagt die Frau (was unübersetzbar ist, vielleicht: »Na, dann ist ja gut . . .« oder: »Na, wenn das so ist, kann ja nichts passieren . . .« oder: »Na, bitte . . .«). Am anderen Tisch höre ich zwei Deutsche diskutieren: »Iesch nähm die Krabbe.«

»Wir könne net in Frangreisch sei uhn kei Kräpp ässe.«

»Iesch nähm aber trotzdem die Krabbe.«

Als Dessert muß ich wählen zwischen *»Le miroir aux Fruits Rouges avec son Coulis de fraise«* und *»La Tulipe de Glace et sorbet façon ›Maddy‹«*. Ich entscheide mich für die himmlische Erdbeercreme. Ich würde auch unter der Brücke schlafen, um mir das leisten zu können. Vielleicht halten sie mich ja wegen meiner Notizen für einen Restaurantkritiker und laden mich ein?

Gegen Mitternacht taumle ich zurück und fotografiere unterwegs den nächtlichen See. Zirpende Grillen, oder hieß es grillende Zirpen? Hinter der schwarzen Spiegelfläche des Sees stehen die grauschattierten Baumreihen des Waldes. Am Himmel leuchtet der Mond wie eine große Crêpe. Jetzt stellt sich doch noch Märchenstimmung ein, wenn man sich alles andere wegdenkt. Aber das ist nicht zu wenig. In was für einer Welt die Menschen früher gelebt haben, als es noch keinen Tourismus gab? Goethe konnte sich ja sogar noch in Italien irgendwie als der erste fühlen.

Morgens laufe ich. Die Straße durch den Wald ist gerade, wie mit der Schnur gezogen. Die Wege, die in den Wald abgehen, sind von Schranken versperrt: *»Propriété privée«*. Neunzig Prozent des Waldes sind Privatbesitz. Ich wage es trotzdem, solange sie mich nicht für ein Wildschwein halten und erschießen. Ich komme am *Pas du houx* heraus, einem Zaubersee. Hier hat Merlin der Fee Viviane einen Kristallpalast gebaut, den man als Mensch nicht sehen kann. Spätestens jetzt weiß ich, daß ich ein Mensch bin. Ich laufe zurück und noch eine halbe Runde um den See von Paimpont, bis der Weg an einem idyllischen Blumengarten mit Madonnenaltar und kleinen Wasserkaskaden endet.

Am Nachmittag gehe ich ins Vallée de l'Aff, wenn man hier vom Weg abkommt, verliert man sich sofort im Gestrüpp. Ich folge einem zauberhaften, in dichtem Unterholz versteckten Bach. Frische Pferdeäpfel, in die sich

Dutzende Mistkäfer graben, wahrscheinlich ist heute der Tag ihres Lebens. Was hätten sie gemacht, wenn die Pferde nicht vorbeigeritten wären? Dann hätten sie womöglich nie erfahren, warum sie Mistkäfer sind.

Océanopolis

An schönen Tagen leuchten die futuristischen weißen Kuppeln des Brester Océanopolis in der Sonne wie eine Raumstation. Für eine solche wären die vierzehn Euro fünfzig Eintritt vielleicht sogar noch recht günstig. Im ersten Saal wird einem der Eindruck vermittelt, man befände sich in einer Tauchkapsel, die langsam in den Ozean hinabsinkt. Durchs große Bullauge sieht man, wie das Wasser trüber wird. Auf einem Monitor erscheint eine Frau und gibt laufend die Tiefe und die Wassertemperatur durch. Die vielen Kinder verfolgen den Vorgang aufgekratzt.

Leider ist auch der Rest des Océanopolis eher auf Kinder zugeschnitten. Bunte Schautafeln ohne großen Informationsgehalt, allerhand leuchtende Knöpfe, die man drücken kann, um sich Naturphänomene wie Ebbe und Flut erklären zu lassen. Bildschirme, an denen man in der CD-Rom-Dokumentation des Hauses blättern kann. Zur Pinguinfütterung erscheinen zwei Pfleger in Gummistiefeln hinter der Scheibe und werfen den Tieren Fische zu. Warum ist es eigentlich so ein Schauspiel, anderen beim Essen zuzusehen? Niedliche Seehunde tauchen aus dem Wasser auf, plötzlich erscheint in einem Becken über unseren Köpfen ein Hai. An den

Aquarien der Seepferdchen drückt sich eine Traube Kinder die Nasen platt. Die Biester scheinen neben dem Hai eindeutig der Star unter den Meerestieren zu sein, sozusagen der positive Held. Eine Sorte heißt *dragon de mer feuillu* und sieht aus wie Seepferdchen, die sich in Algen verheddert haben.

Als Erwachsenen beeindruckt mich eher ein Fisch, der groß ist wie ein Schwein und stoisch an mir vorbeischwimmt, ohne mich auch nur eines Blickes zu würdigen. Schwer zu entscheiden, wer hier wen betrachtet. Die bunte Pracht der exotischen Fische hat etwas Einschläferndes. Allerdings nicht für die natürlich auch hier vertretenen Schwaben: »Guck mal e Babageiefiesch.«

»Das do siend Grötenfiesch.«

»Furschterregnd.«

Es gehört zu den größten Privilegien, die man auf Reisen genießt, daß man sich vor seinen Landsleuten nicht zu erkennen geben muß.

Man kann aber auch wirklich etwas lernen. Ich erfahre, daß auf dem Archipel Molène-Ouessant graue Seehunde leben. Und daß der *ver arénicole* für die kleinen Sandwürstchen verantwortlich ist, die man bei Ebbe am Strand sieht. *La pêche à pied* sei eine der letzten Sammlertätigkeiten des Menschen. Anscheinend ist es hier ein Volkssport, mit seiner Ausrüstung den Schlick aufzubuddeln und nach Gewürm und Krustentieren fürs Mittagessen zu suchen.

Andere Fakten, die mich überraschen: Weltweit sterben jährlich fünfundzwanzig Menschen durch Haie, 250 durch Elefanten, 2500 durch Krokodile, 50000 durch Schlangen.

Dem Botaniker Bougainville ist ein eigener Raum

gewidmet. Der Bericht von seiner Weltreise, die er von 1766 bis 1769 unternommen hat, erschien 1771 unter dem Titel: *Voyage autour du monde par la frégate du roi la Boudeuse et la flûte l'Étoile, en 1766, 1767, 1768 et 1769.* Das waren noch Titel! Was, wenn ich mein Buch auch so nennen würde? *Reise durch die Bretagne mit dem Citroën Saxo und dem Renault Clio, von Mai bis August des Jahres 2003, nebst erbaulicher Gedanken zum Gewinn einer solchen Unternehmung.*

Grande Brière

Die Grande Brière ist ein Sumpfgebiet im Südosten der Bretagne, in dem es einige inselartige Siedlungen gibt, zwischen denen man sich auf Moorwasserkanälen bewegt. Die Île de Fédrun erreicht man nur über einen Damm. Ich drehe eine Runde durchs Dorf, Reetdächer und Mittagslangeweile. Fast jede Familie betreibt einen Bootsverleih. Ich fotografiere einen im Gartenzaun vermauerten Menhir, eine typische Zweckentfremdung. Die ersten Wissenschaftler, die sich für diese Steine interessierten, mußten sie noch den Bauern entreißen, die sie als Baumaterial zu nutzen pflegten.

Am Ortseingang stehen direkt am Wasser Gartenstühle und Sonnenschirme aus Schilf. Der Besitzer des kleinen Ausschanks sagt mir, daß ich bis zur nächsten Tour fünfundvierzig Minuten warten muß, aber vorher noch etwas essen kann. Ich nehme also zwischen einem Dutzend Rentnern Platz, von denen einige sich auf deutsch unterhalten, und warte auf meine *galette complète royale*. Das Paar am Nebentisch schimpft leise, sie warten anscheinend schon länger auf ihr Essen. Ein Gast begehrt auf: »Ich kriege langsam Hunger.«

»Ja, ja, das ist eine gute Krankheit. Warum haben Sie denn nicht gestern gegessen?«

Der Chef ist anscheinend dafür da, die Moral hochzuhalten, weil seine Frau mit den Crêpes nicht hinterherkommt. Einem Boot ruft er hinterher: »Sie haben den Korken verloren!«

Es ist einer dieser Momente, in denen man nicht allein sein will. Es ist einfach zu peinlich, hier zu sitzen. Ich bin wahrscheinlich der erste Alleinreisende, den die Bretagne gesehen hat, seit die irischen Mönche hier gelandet sind. Was macht ein junger Mann alleine zwischen Rentnern? Außerdem sage ich wieder *une cola* und nicht *un coca*, dabei habe ich das doch schon so oft falsch gemacht. Weil das Warten sich in die Länge zieht, lese ich im Reiseführer, der mir Lust darauf macht, dorthin zu fahren, wo ich mich gerade langweile. Just in dem Moment, als die Crêpe endlich aufgetischt wird, ruft der Chef zum Aufbruch, und alle besteigen ein Boot. Er stakst davon, und ich kann es nicht glauben, daß er mich vergessen hat. »Sie haben den Jochen verloren!« möchte ich ihm zurufen. Aber er weiß ganz genau, daß er mich reingelegt hat. Er wollte nur seine Crêpe loswerden. Ich sehe ihnen nach, neidisch auf die Witze, die er ihnen jetzt ohne mich erzählen wird. Maliziös frage ich seine dicke Frau, wann denn die Bootstour losgehe. Die nächste Tour? In einer Stunde. Ich beschwere mich nicht, weil sie es offensichtlich bewußt so eingefädelt haben. Ich lasse sie mit ihrem schlechten Gewissen allein, das ist viel schlimmer.

Warum wollte ich überhaupt mit einer Gruppe Rentnern durch einen Sumpf gestakt werden?

Später umrunde ich die Grande Brière noch einmal mit dem Auto und biege dann nach Süden ab, zum Meer. Dort wird in einer Brackwassereinöde Salz gewonnen. Durch ein ausgeklügeltes Kanalsystem wird das Meerwasser in lehmigen Salinenbecken gesammelt, wo es verdunstet, bis das wertvolle Salz geerntet werden kann. Tatsächlich arbeiten bei der Hitze Leute in den stinkenden Becken und rühren die Brühe mit langen Holzstangen um.

Von hier ist es nicht weit zu »La Baule«, dem berüchtigten von Hotels gesäumten Strand, über den viele Reiseführer die Nase rümpfen. Es ist der einzige solche Komplex in der Bretagne, und die Region darf zu Recht stolz darauf sein, ihre Uferlinie nicht verschandelt zu haben. Aber diesen gewaltigen, cremefarbenen Traum von ewigem Sommer, Moderne und Chic muß man gesehen haben, um das eine Ende des zivilisatorischen Entwicklungsstands der Bretagne zu kennen. Kühn geschwungene Betonfassaden, Balkon über Balkon im Siebziger-Jahre-Stil, endloser, weißer Strand, der täglich gereinigt wird. Natürlich gibt es auch Duschen.

Ich parke an der Strandpromenade und lege mich eine Stunde in die knallende Sonne. Die Mädchen stolzieren gelangweilt, mit um den Po geschlungenen Handtüchern, durch den Sand. Die Sonne kocht mich müde und willenlos, ich fühle mich wie in einer Freiluftsauna. Die Kraft reicht gerade noch, um mich zum angenehm frischen Wasser zu schleppen. Früher bin ich durch die Pyrenäen gewandert, um mich zu erholen. Wer hat mir das eingeredet?

Malestroit ist ein idyllisches Städtchen am Nantes-Brest-Kanal, der hier durch ein breites Wehr rauscht. Ich parke auf dem großen Parkplatz in der Mitte des Ortes. Weil es so heiß ist, nehme ich einen Behindertenparkplatz im Schatten, man wird es mir verzeihen, ich bin ja fast der einzige hier. In einer kleinen Crêperie bringt mir eine nette Kellnerin frische Buttermilch, während *Le vent l'emportera* von Noir Désir läuft. Es ist also alles perfekt. Neben mir sitzt eine englische Familie. Der Vater kann ein bißchen Französisch und bestellt, die drei kessen Töchter lassen sich dieses komische französische Essen erklären. Die Mutter weiß genau, daß die eine von ihnen keine Erdbeeren ißt. Das Wissen der Mütter. Der erste Cidre rauscht ins Blut mit der Gewalt einer Heroininfusion.

Ich lese in den »Infos de Ploërmel«, einer Lokalzeitung, was sich in den Dörfern der Umgebung tut. Es gibt Gruppenfotos von Schulklassen, von der *union des combattants*, der freiwilligen Feuerwehr, den Teilnehmern des letzten botanischen Spaziergangs.

Satt, informiert und sozial gewärmt gehe ich zum Auto zurück und entdecke einen Zettel am Scheibenwischer. Es ist ein Vordruck, sorgfältig von Hand ausgefüllt: »*Cas No. 2:* STÖRENDES PARKEN AUF EINEM FÜR SCHWERBEHINDERTENFAHRZEUGE RESERVIERTEN PARKPLATZ: 35 EURO«.

Einer der wenigen Menschen, die mir heute mittag in diesem Ort begegnet sind, muß ein Polizist gewesen sein.

Die bretonischen Jugendherbergen sind durchweg zu empfehlen, solange man sein Zimmer mit niemandem teilen muß, was leider in Jugendherbergen so üblich ist.

In St-Brieuc sind die Schlafräume nicht durch Türen getrennt. In meiner Ecke liegt noch niemand. Zum Glück habe ich mir Ohrstöpsel gekauft, denn die Geburtstagsparty im Speisesaal direkt unter meinem Bett geht nach und nach in Gegröle über. Die Lieder sind eigentlich ganz schön: »*Tu viens de chanter la balade! La balade des gens heureux!!*«, nur daß man die Frauenstimmen so schrill durchhört. Und zwischen den Liedern reißen sie sich um das Mikro und lallen lautstarke Toasts.

Immer, wenn ich aufwache und die Stöpsel aus meinen schmerzenden Ohren ziehe, sind sie noch am Singen. Erst gegen drei werden die Teller abgeräumt, und ein neues Geräusch erschreckt mich: ein Brummen wie von einem riesigen Staubsauger, die Spülmaschine! Weil ich nicht einschlafen kann, übe ich böse Beschwerdemonologe ein, mindestens die Hälfte vom Geld will ich zurück. Dann wache ich auf und erstarre, weil jemand ins Zimmer kommt. Aber es ist nur mein Zimmergenosse, der sein Bett bezieht und sich hinlegt. Sofort schnarcht er erbärmlich, und die Frauen im Nebenraum stimmen ein. Gegen acht stehe ich völlig gerädert auf.

Das triste Frühstück (drei Scheiben Baguette mit labbriger Obstmarmelade und wäßrigem Tee) kann mich nicht milde stimmen. Ich darf nicht an das Internetterminal, weil das Mädchen den Raum erst wischen will. Als der Boden endlich trocken ist, schreibe ich eine Mail an eine Freundin in Berlin: »Hoffentlich landen die Amerikaner bald in der Normandie, damit ich zurückkann. Aber vielleicht muß ich auch noch fünf Jahre nach Workuta. Dann wird unser Kind ohne mich aufwachsen. Bitte erzähl ihm von mir.«

Schnarchen ist ein großes Thema. Am Cap Fréhel schnarchten zwei Männer in meinem Zimmer stereo. In Trébeurden war ich nicht der einzige, der unter dem Schnarchen der Frau litt, die unter mir im Doppelstockbett lag. Eine Zimmergenossin beschwerte sich immer wieder: »*Isabelle! Isabelle! Tu ronfles –*« Isabelle hörte kurz auf und legte bald darauf wieder los. Der Italiener zog nach. Ist Schnarchen ansteckend wie Lachen?

In Quimper wollte ich sichergehen und ein Zimmer ohne Schnarcher. Der junge Mann vom Empfang erkannte mich nicht wieder, obwohl er mir vor zwei Monaten auf meiner Autokarte »die schönsten Stellen in der Bretagne« gezeigt hatte (es waren Saint-Malo, der Mont St-Michel, Pont-Aven, der Wald von Brocéliande und die Pointe du Raz, ungefähr alles, was im Guide Michelin drei Sterne hat oder zum Weltkulturerbe gehört). Er sagte: »*T'es allemand? Alors,* Willkommen, *c'est le seul mot allemand, que je connais.*« Später sehe ich in meinen Aufzeichnungen nach, im Mai hat er »*Alors*, auf Wiedersehen!« gesagt. Er kann also doch nicht nur »Willkommen« und hat mich angelogen.

Die Enttäuschungen sind natürlich relativ. Wenn man zum Beispiel frisch verliebt ist, dann ist der Mont St-Michel wahrscheinlich der romantischste Ort der Welt, genau wie die Grande Brière der romantischste Ort der Welt ist, fast so romantisch wie eine Nacht unter einem Dolmen. Aber man kann sich ja nicht auf jeder Reise verlieben, damit sie unvergeßlich wird. Der Guide Michelin verteilt seine Sternchen nach folgendem Prinzip: eins für besondere Sehenswürdigkeiten, zwei für Sehenswürdigkeiten, die einen Umweg lohnen, drei für Sehenswürdigkeiten, die eine Reise lohnen. Vielleicht wäre eine alternative Einteilung dazu: Orte, an denen man verliebt sein will, Orte, an denen man es ertragen könnte, zurückgewiesen worden zu sein, Orte, die sich für einen ersten Streit eignen würden. (Es darf natürlich keine Überschneidungen geben, nicht daß einem in seinem Unglück auch noch lauter Verliebte über den Weg laufen.)

Selbst die enttäuschenden Orte sind oft nur deshalb enttäuschend, weil man sie nicht für sich allein hat. Wenn man im Kino einen Film mit Marilyn Monroe sieht, kann man sich ja wenigstens noch einbilden, sie spreche zu einem ganz persönlich (auch wenn sie längst tot ist, aber dieser Makel kann ihr nicht viel anhaben). Aber, wenn man auf einem Kahn zwischen dreißig scherzenden Rentnern durch einen Sumpf gleitet und als einziger nicht über die Witze des Bootsführers lachen kann? Außerdem wird man ja bei der Fülle des Angebots leicht ungeduldig, undankbar und gesättigt. Was, wenn plötzlich *alle* Frauen wie Marilyn Monroe aussehen? Wenn es *überall* schön ist? Woher dieser Drang nach Vollständigkeit, der einem als Touristen zusetzt? Diese zwanghafte Völlerei? Als Ostdeutscher habe ich den Überfluß immer als Überforderung empfunden. Schließlich war ich es gewohnt, wie ein Jäger auf der Pirsch zu sein, um mir vom Warenangebot nichts entgehen zu lassen. Und jetzt stellt mir das Wildbret in obszöner Weise nach. Manchmal benehme ich mich immer noch so, als müßte ich mich beeilen, weil mir sonst jemand die Kaufhalle leer kauft. Oder ich schalte auf stur. Aber wenn weder das eine noch das andere geschieht, bin ich unerklärlicherweise glücklich.

Bar-Tabac

»Regnet es hier immer so?«
»Kann ich Ihnen nicht sagen, ich lebe erst seit zweiunddreißig Jahren hier.«
Gespräch in einem bretonischen Bistro

Am tiefsten in der Bretagne befindet man sich immer, wenn man nicht damit rechnet. Ich sitze in irgendeiner Kleinstadt im »Chez Juju«. Juju ist wahrscheinlich eine wichtige Person in der Gegend, ein Prominenter. Früher war der Kneipier prominent, der Schützenkönig, der Pfarrer, der Lehrer, der Arzt, die Prostituierte. Heute haben die Prominenten aus dem Fernsehen diese Rolle übernommen. Sie sollten sich aber nicht einbilden, daß man sie ernster nimmt als den Kneipier, den Schützenkönig und die Prostituierte.

Es ist eine dieser Bars-Tabac, in denen im hinteren Raum noch Platz ist, wenn den Tresen schon am Sonntag vormittag Männer mit Schiebermützen bevölkern, die eine Sprache zu sprechen scheinen, die weder etwas mit Bretonisch, noch mit Französisch zu tun hat. Ab und zu stößt ein Neuankömmling die Tür auf und stellt sich zu den anderen, ohne seinen altmodischen, beigefarbenen Mofahelm abzunehmen, mit dem er aussieht, als sei er frisch geschlüpft. Man kauft Zeitung und Zigaretten. Oft sind die Betreiber gealterte Damen mit übertrieben hergerichteter Frisur, die einen sehr förmlich bedienen: *»Zero quatre-vingts Euro, s'il vous plaît, Monsieur, merci, bonne journée!«* Immer der Ehrgeiz, die französischen Zahlen zu verstehen und passend zu zahlen. Besonders schwer ist das bei Summen wie *Dixneufeuroquatrevingtdixhuit.* Vor mir steht ein hübsches Mädchen in der Schlange, das sein Portemonnaie in der verkrüppelten rechten Hand hält. Sie liest von einem Zettel ab, welche Zigaretten sie kaufen soll. *»C'est pas pour moi«*, beeilt sie sich nachzuschieben, als hätten wir sie im Verdacht zu rauchen. Dann flüchtet sie überhastet aus der Bar. Ein ganzer Film deutet sich in so einer Begegnung an. Ein trauriger Film, der von der Poesie der Provinz lebt. An der Kasse kann man das Video *Docteur T. et les femmes* mit Richard Gere kaufen. Vielleicht wollte sie ja eigentlich das holen und hat sich unseretwegen nicht getraut.

Im hinteren Raum lehnen Eimer und Schrubber am Billardtisch. Klosteingeruch empfängt einen, weil man direkt vor den Toiletten sitzt. Dort steht auf einem Zettel: »AN UNSERE LIEBEN GÄSTE: BITTE WERFEN SIE KEINE ZIGARETTENSTUMMEL

INS URINOIR, DENN EINMAL NASS, SIND SIE SEHR SCHWER WIEDER ANZUZÜNDEN!«

Auch nach fünf Jahren Französischstudium versteht man nicht, was sie sich über den Tresen zurufen. Man hat natürlich immer Angst, daß sie sich über einen lustig machen. Ich höre nur, daß sie über die vielen Feste diskutieren, für jede Gelegenheit gebe es eines: *»Ce qu'il n y a pas, c'est la fête des cocus!«*

Am Nebentisch trinken ein paar alte Männer Rotwein. An den Wänden hängen gerahmte Ausschnitte aus vergilbten Illustrierten: »UNTERGANG EINES DEUTSCHEN SCHIFFS«, Männer mit Kaiser-Wilhelm-Bart, die die Hände über dem Kopf zusammenschlagen, weil sich über ihnen Wellenberge auftürmen. Auf einem Plakat neben dem Klo steht: »ABEND DER EINSAMEN HERZEN: FREITAG, 13.« An der Eingangstür hängen Veranstaltungshinweise: »EINFÜHRUNG IN DEN AFRIKANISCHEN TANZ« und: »AM NÄCHSTEN SONNABEND WIRD MARY IHREN ERSTEN TITEL INTERPRETIEREN: *›LETTRE ANONYME‹*«.

Ich lese »Ouest-France dimanche« und trinke einen winzigen Orangensaft für zwei Euro fünfzig. »Ouest-France«, das in Rennes erscheint, hat eine Auflage von über einer Million Exemplaren und ist damit die auflagenstärkste Tageszeitung Frankreichs. Sie deckt aber nicht nur die Bretagne ab, sondern auch die Basse-Normandie, Maine, Anjou, Poitou und Loire-Atlantique. Es ist in der Bretagne eine Glaubensfrage, ob man »Le Télégramme« liest oder »Ouest France«, auch wenn der Unterschied für Außenstehende kaum auszumachen ist.

Heute erfahre ich Neues von diesem Delphin, der

sich zur Zeit im Golf von Morbihan aufhält und etwas aggressiv ist, vor allem, wenn er ein Weibchen sucht. Man solle sich von seiner niedlichen Erscheinung nicht täuschen lassen, er habe schon einige Frauen gebissen, die ihn streicheln wollten.

In einem französischen Cartoon betritt jemand ein bretonisches Bistro mitten in Paris. Auf dem Tresen brüten Hühner ihre Eier aus. Die Oma sitzt in einer Kochnische und bewacht den gewaltigen Suppentopf. Das Essen wird in Behältern serviert, von denen man nicht wissen will, wozu sie früher gedient haben. Als die Oma einschläft, kocht die Suppe über und ihr entsteigen Feen und Ritter. Bis der Bistrobesitzer der Oma eins mit der Pfanne verpaßt, so daß sie aufwacht und das Zeug wieder zurückzaubern kann. So etwas ist mir nicht passiert. Aber in vielen bretonischen Bistros hatte ich das Gefühl, daß es nur eine Frage der Zeit war.

Cap Fréhel

Das Bild von Caspar David Friedrich hing in unserem Kinderzimmer. Herren in schwarzen Anzügen, die sich über den Rügener Kreidefelsen beugen, um einen Blick nach unten zu werfen. Die Entdeckung des Erhabenen als ästhetische Kategorie lag etwas länger zurück. Es hatte mit Goethe zu tun, wie fast jede Mode in Deutschland. Um seinen Schwindel zu exorzieren, stieg er auf das Straßburger Münster – und die gotische Architektur wurde neu bewertet. Er skizzierte flüchtig den St. Gotthard – und der Alpinismus war geboren. Er schrieb ein Buch über einen verliebten Selbstmörder – und der Selbstmord kam groß in Mode.

Die Darstellung des Erhabenen, Katastrophenszenarien, wie den Untergang von Pompeji, Greuel der Weltgeschichte, pompöse Schiffsuntergänge, das Interesse an Landschaften, die größer, schroffer, gefährlicher, ewiger sind, als es unsere Sinne erfassen können, das alles hat der Hollywood-Film von der Salonmalerei des 19. Jahrhundert geerbt. Die Regisseure haben natürlich nicht mehr das Pathos eines William Turner, der stolz auf die Gefahren war, denen er sich für die Recherche ausgesetzt hat: »Ich veranlaßte die Seeleute, mich an den Mast zu binden, damit ich die stürmische See beobachten konnte: Ich war vier Stunden lang angebunden und erwartete nicht, mit dem Leben davonzukommen; aber ich fühlte mich verpflichtet, die Szene festzuhalten, falls ich überlebte.« Das Bild, das 1842 aus dieser wagemutigen Unternehmung hervorging, heißt: »Schneesturm: Dampfschiff vor Hafeneinfahrt, in seichtem Wasser Signale gebend und am Lande entlangfahrend. Der Maler war an dem Abend, als die Ariel Harwich verließ, in diesem Sturm.«

Das Cap Fréhel ist ein erhabener Ort. Schmale Pfade zwischen Krüppelgesträuch führen zu umtosten, steilen Klippen. Man denkt wahlweise an die Geburt der Erde, den ewigen Kampf der Elemente oder den Klippenspringer aus der Cliff-Werbung. In diesen Klüften würde man spurlos verschwinden. Die Bretonen haben das Meer nicht als Sehenswürdigkeit empfunden, sondern ihre Katen mit dem Rücken zum Wasser gebaut. Die Fenster gingen zum Land. Kein Wunder, denn der Ozean wirkt wie eine große, keuchende Lunge. Die weiße Gischt schäumt wie kochende Milch. Manchmal hebt sich eine Tatze aus dem Wasser und schlägt nach den Klippen. Unermüdlich nagt das Meer an Europa. Wie kann man in Berlin noch ruhig schlafen, wenn man das gesehen hat?

Ich gehe am Leuchtturm vorbei, setze mich hinter eine Mauer und versuche ein System in den Wellen zu finden, indem ich sie einzeln mit den Augen verfolge. Seltsame Herausforderung früherer Epochen, dieses grandiose Schauspiel malen zu wollen. Wer würde das heute noch versuchen?

Die Klippen sind von Vögeln bewohnt. Hier lebt die Trottellumme, die sich ihren Namen natürlich nicht selbst ausgesucht hat. Möwen sitzen auf einem nadelartigen, kotbedeckten Felsen. Was empfinden die Möwen eigentlich als Sehenswürdigkeit? Es kann ihnen ja egal sein, wie unzugänglich das Gelände ist.

Beim Blick nach unten der Schwindel. Bis zu siebzig Meter erhebt sich der Fels über dem Meer. Es gibt eine Stelle in Rousseaus Autobiographie, wo er bei einer seiner Wanderungen eine Schlucht erreicht, die von einem Geländer eingefaßt ist. Er beugt sich über das Geländer, läßt kleine Steinchen hinunterfallen und genießt den Schauder. Wenn ihm schwindlig wird, hält er sich am Geländer fest. Man kann das als Allegorie auf die Gesellschaft lesen. Die Schlucht ist der ewige Urgrund von Anarchie und Chaos. Wir genießen den Schwindel, der uns erfaßt, wenn wir hinuntersehen und Steinchen fallen lassen. Wir halten uns aber am Geländer fest, dem kulturellen Überbau.

»Guck mal, Heinz, da sitzt einer!«

Nicht zum ersten Mal reißen mich Landsleute aus

einer meiner Meditationen. Überall sind sie, wie damals im Krieg. Dabei war ich extra über die Brüstung gestiegen, um meine Ruhe zu haben.

»Darf man da rübersteigen?« fragt sie ihn.

»Weiß ich nicht.«

»Wenn der das macht!«

»Nicht so laut, vielleicht kann der Deutsch.«

»Dann hätte er ja was gesagt.«

Ich gehe zurück. Meine Jacke flattert im Wind, wie eine zerfetzte Fahne. Am Leuchtturm ist eine Sparbüchse für die Lebensretter angebracht. Der Briefkasten wird täglich um zehn geleert. Der arme Briefträger, der im Winter hier rauskommen muß. Die Briefträger haben es in diesen Regionen sowieso schwer, angeblich müssen sie an jedem Haus einen trinken. Ich fahre mit dem Auto eine nagelneue Straße entlang. Rechts die Klippen, der Sonnenuntergang, Surfer.

Dann habe ich eine Erscheinung: Ein Pferd nähert sich mir laut schnaubend und trampelnd, hält kurz vor mir, kehrt um und galoppiert davon. Ich habe aber nichts gesehen! Ich schüttle mich, da galoppiert es wieder auf mich zu, schnaubt, bäumt sich auf und wendet, ich kann es einfach nicht sehen. Als käme der Tod angeritten. Dann wird mir klar, daß sich hinter der hohen Hecke eine Weide befindet. So müssen früher Schauergeschichten entstanden sein.

Bis Mitternacht sitze ich im Speisesaal der Jugendherberge und tippe. Ein Dutzend junger Männer beugt sich über Laptops und diskutiert Aufnahmen von Häusern und Landschaften der Gegend. Ob es Wissenschaftler sind?

Morgens stehe ich in aller Frühe auf und jogge zum

Fort la Latte, das auf einem Felsen in der Brandung steht. Es ist mild, die Sonne scheint. Auf Wanderpfaden durch Wacholdergestrüpp folge ich der Küstenlinie zum Cap Fréhel. Es hat etwas Demütigendes, sich im Angesicht dieser Naturgewalten sportlich zu betätigen.

Der junge Mann von der Jugendherberge macht mir, obwohl es schon zu spät ist, mein Frühstück und stellt es draußen auf einen der Holztische in die Sonne. Es gibt Kaffee aus der Thermoskanne. Ich bekleckere mich wieder einmal bei dem Versuch, das Baguette stückweise mit *beurre salé* und Marmelade zu essen. Aus der Weißbrotstange quillt beim Reinbeißen alles heraus. Verflucht sei diese französische Barbarei!

An meinem Tisch sitzen ein paar der jungen Männer von gestern abend. Sie diskutieren wieder über ihre Arbeit, und ich lasse mir erklären, daß sie *enseignants* für Förster und Landschaftstechniker sind. Am Cap Fréhel untersuchen sie, wie sich der Tourismus auf die Landschaft und die Menschen auswirkt. Wir diskutieren darüber, wie man eine Region gleichzeitig erschließen und erhalten kann. Daß ich die deutschen Bunker sehenswert finde, verstehen sie nicht. Aber sie sind froh, daß die Bausünden, die man im Süden Frankreichs begangen habe, in der Bretagne vermieden worden seien. Trotzdem würden eine Million Touristen jährlich nicht spurlos am Cap Fréhel vorbeigehen.

Sie sind blond, langhaarig und haben ein breites Kreuz. Ein paar Deutsche sind auch dabei. Sie kommen in klapprigen Kleinbussen, halten auf einem Parkplatz in den Dünen und ziehen sich eilig um, während aus dem Autoradio Musik schallt. Sie cremen sich ein, steigen in eine Gummihaut und diskutieren dabei über die Wellen. Dann rennen sie barfuß und voller Vorfreude mit ihren Brettern unterm Arm zum Strand. Sie haben keine Angst vor dem Meer, das größte Risiko beim Surfen sei, einen Schlag von einem fremden Brett abzubekommen.

La Palu auf Crozon ist ein kilometerlanger Strand. Zwei Dutzend Surfer wippen auf dem Wasser wie kleine Bojen und warten auf die Welle ihres Lebens. Links sieht man die *Pointe de Van*, rechts den *Tas de Pois*, ein paar Klippen, die so heißen, weil sie wie ein Haufen Erbsen im Meer liegen. Erbsen ist allerdings untertrieben, die Felsbrocken sehen eher aus, als hätte der Zyklop sie Odysseus hinterhergeschleudert.

Die Kleinkinder können ihr Glück kaum fassen und wanken wie Betrunkene über den Sand, der Unendlichkeit entgegen, die das Meerufer für sie darstellt. Sie sind überfordert von den vielen Richtungen, in die man ungehindert laufen kann, überall nur glatter, weißer Sand. Allerdings muß man aufpassen, nicht in einen Ölfleck zu treten oder auf einen der *boulettes* genannten Ölklumpen, die Reste vom Untergang der »Prestige«. Wann wird der nächste Öltanker vor der bretonischen Küste sinken? 80000 Schiffe fahren jährlich an der Île d'Ouessant vorbei in den Ärmelkanal.

Ich gehe zu den Felsen und bewundere die Millionen schwarzer Muscheln auf dem Stein. Man kann sie nicht abziehen, wenn man daran zupft, saugen sie sich fest. Bei Ebbe bilden sich blau und grün schillernde Wasserbecken. Ich knipse mir die Finger wund und bemerke irgendwann, daß ich krampfhaft bemüht bin, keine fremden Menschen auf dem Bild zu haben. Auf den Gemälden der Alten Meister wurden doch sogar kleine Menschengruppen in die Landschaft gesetzt, um die Idylle abzurunden.

Auch hier gibt es oben im Fels deutsche Bunker, die aussehen wie riesige, mit Graffitis besprühte Stahlhelme. Die jungen Leute nutzen sie als Wind- und Regenschutz. In den Schützengräben bereitet eine Gruppe Jugendlicher ein Barbecue vor.

Ich esse im Auto und sehe mit dem Fernglas den Surfern zu. Vom Wind fühle ich mich ganz ausgelaugt, auch ohne daß ich etwas getan hätte.

Traurig in Saint-Malo

Man kann an einem verregneten Tag an einer Autobahnraststätte zwischen Helmstedt und Hannover traurig sein, man kann aber auch an einem sonnigen Tag auf den Festungsmauern von Saint-Malo traurig sein. So ist es mir gegangen, das hat nichts mit Saint-Malo zu tun, nur daß es dort stilvoller ist. Deshalb zählt dieses Erlebnis unbedingt zu den glücklichen Momenten. Außerdem sind Nostalgie, Wehmut und gepflegte Trauer Gefühle, die zur Bretagne gehören. Wer wäre man denn, wenn man in diese erhabene und romantische Landschaft reisen würde, um dauernd vor Freude zu platzen? Nein, hier fügen sich die Nachdenklichen und Traurigen bestens ins Dekor.

Es fing mit meiner Rückkehr vom Mont St-Michel an. Ich fuhr in der Mittagshitze auf Dämmen und dann an der Küstenstraße entlang nach Cancale. Der Anblick der langgestreckten Orte deprimierte mich. Trauriger, brauner Mauerstein statt des weiter westlich üblichen grauen Betons. Dann roch es streng nach Fisch: Austernfarmen, regelrechte Zuchtparks, Hunderte mit Muscheln gefüllte Plastiksäcke.

Unterwegs nach Saint-Malo mache ich an den *Rochers Sculptés* halt, einem Stück Landart *avant la lettre.* Kleine Männchen, stoische Profile, ein eifersüchtiger Ehemann, der seine Frau an den Haaren zieht, Drachen, Fische, Zwerge. Manche von ihnen liegen lässig auf dem Boden, einer schmiegt sich an ein Drachenvieh. Ein Abbé Fouré hat hier von 1875 bis 1910 etwa 300 dieser Figuren in den Granit der Küste gemeißelt. Erstaunlich, zu welchen Leistungen Menschen fähig sind, wenn sie auf die Ehe verzichten.

Saint-Malo ist die Stadt mit dem aufregendsten Grundriß, den ich kenne. Ich drehe zwei Runden um das innere Hafenbecken, nur weil es so schön ist. Mitten in der Stadt Wasser, Schiffe und Lagerhäuser. Dann die Altstadt, der Blick von den Festungsmauern aufs Meer. Man möchte weinen vor Schönheit. Die Halbinseln, auf die man über Dämme spaziert, die nur bei Ebbe aus dem Wasser ragen. Die Strände vor den Stadtmauern. Jugendliche spielen Federball und hören Musik aus dem

Kassettenrecorder. Ein sagenhaftes Schwimmbecken, das bei Flut Meerwasser aufnimmt. Auf dem Sprungturm steht man hoch über dem Meer. Etwas weiter draußen liegt die Île de Cézembre, die 1945 heftig und anhaltend bombardiert wurde, sogar mit Napalm. Die Deutschen schliefen mit Gasmasken, der einzige Sanitäter operierte mit einer Rasierklinge.

Am anderen Ufer liegt das mondäne Dinard. Diese warmen Mauersteine, an die man sich lehnt, die Nachmittagsruhe. *Intra Muros*, die Altstadt, die vollkommen zerbombt war und äußerlich originalgetreu wieder aufgebaut wurde (innen sollen die Wohnungen eher HLM-Niveau haben). Gegen Abend ist hier kaum noch etwas los. Ich gehe wieder durch das Tor und an einer Strandpromenade in ein Internetcafé. Ich fühle mich, als würde ich zu meinem Dealer gehen, bei dem ich mir einen Schuß Heimat holen kann, in dem Wissen, daß ich hinterher noch trauriger sein werde.

Ich bleibe über eine Stunde, gemailt hat mir niemand, von dem ich es mir gewünscht hätte, auf spiegelonline bleibe ich bei den über siebzig Kandidatinnen für die nächste Miss-World-Wahl hängen. Ich klicke sie gelangweilt durch. Sogar die Miss Bulgarien ist eine Enttäuschung. Da sehe ich ja noch besser aus. Neben mir sitzt ein kleiner Junge mit Brille, der nervös mit dem Knie wackelnd ein Strategiespiel spielt. Der Chef scheint sein Bruder oder ein Kumpel zu sein. Er versucht, ihn zum Aufhören zu bewegen. Er sei jetzt schon seit halb fünf da (es ist neun!). Aber der Kleine versucht sich mit absurden Argumenten zu retten: »Stimmt gar nicht, ich bin erst um fünf gekommen!« Vier Stunden spielt er jetzt schon, ohne genug zu bekommen. Wenn man ihn nicht vom Bildschirm wegreißen würde, er würde die ganze Nacht dort sitzen und vergessen, aufs Klo zu gehen. Aber was verpaßt er schon mit uns?

Tieftraurig gehe ich die Strandpromenade entlang. Jemand springt ins Wasser. Die letzten Sonnenstrahlen, das Meer. Manchmal überfordert einen die Schönheit.

In den Sand sind zwei Reihen knorriger, dunkler Holzstämme gerammt. Man kann hindurchschlüpfen oder sich dazwischen verstecken. Ich knabbere an meinen Keksen und sehe durch die Scheiben eines teuren Restaurants. Aber auch mein Sozialneid kann mich nicht aufmuntern. Wenn es nicht so peinlich aussehen würde, würde ich einen Schluck aus der Weinflasche im Kofferraum nehmen.

Auf der Rückfahrt ist es schon dunkel. Wenigstens das Fahren ist immer tröstlich. Morgen werde ich wieder Spaß am Reisen haben. Ich höre Radio Neptune, einen kleinen lokalen Klassiksender. Es kursieren viele Gerüchte über diese Station. Zwischen den Musikstükken hört man die stoische, näselnde Stimme eines Rentners, der den Sender betreibt. Manche behaupten, seine verschlafenen, völlig emotionslosen Ansagen kämen längst vom Band, weil er gar nicht mehr lebe.

Ich denke an diesen bemitleidenswerten Adligen, der im kalten Kerker von Saint-Malo gesessen hat und mit Hilfe eines silbernen Zahnstochers seine Memoiren schrieb, als Rechtfertigungsschrift an den König. So ungerecht muß man sich erst einmal behandelt fühlen, daß man bereit ist, sein Unglück mit einem Zahnstocher in die Welt hinauszuschreien.

Ich setze mich auf eine Bank vor der Jugendherberge von Cancale, einem vierstöckigen Finnhüttenbau, in dem heute hundert kleine Schulkinder schlafen – oder altersgemäße Abenteuer erleben. Ab und zu rufen sie mir durchs Fenster Frechheiten zu. Ich trinke den Rest Wein.

Es ist dunkel, ich kann aber die liebreizenden, anmutigen, fröhlich wippenden Boote noch erkennen, die man, wenn man böswillig wäre, auch stinkende, verrottende Rosthaufen nennen könnte. Die Masten schlagen klappernd wie Stricknadeln gegeneinander. Ich frage mich immer, warum man diese Bootsparkplätze schöner als Autoparkplätze findet. In den Häfen der Bretagne liegen Zehntausende Boote. Aber niemand weiß, wer sie fährt. Es heißt, die meisten würden in Wirklichkeit nie ablegen. Denn die echten Bretonen hätten in der Regel gar kein Boot. Sie gehören Pariser Wochenendurlaubern, denen es aber genügt, sie zu besitzen und mit einer Kapitänsmütze ausgerüstet im Café des *port de plaisance* zu sitzen und mit ihrem Seglerkauderwelsch zu protzen.

Auf dem Zimmer habe ich drei Nachbarn. *»On se levera de bonne heure«*, sagt einer, um fünf Uhr stehen sie auf, zum Fischen. Ich frage scherzhaft: *»Du thon?«* – *»Non, maqueraux«*. Aber das sagt mir genauso wenig. Morgens stehen sie geräuschlos auf. Es ist ein hartes Leben, das man als Hobbyangler führt. Aber immerhin haben sie nicht geschnarcht.

Hier ist es grün

Auf kleinen Straßen fahre ich durchs Trégor, das mir immer wieder als tiefste Bretagne angepriesen wurde. Die wenigen Bewohner gehörten früher zu den ärmsten des Landes. Mitten im Wald stößt man auf die Ruine des Château de Tonquédec. Der Eintritt kostet unverschämte vier Euro, also bleibt es bei der Außenansicht. Das kleine Schloß thront über einer Waldsenke, durch die ein Rinnsal plätschert, das sich aus einem dick mit Entengrütze bedeckten Teich speist. Die Senke verschwindet unter dem dichten Laub der Baumwipfel. Ich folge einem Hohlweg in den Wald. Die Luft ist herrlich mild. Erstaunlich, wie verlockend der Weg ist. Ich weiß, daß nicht jeder Hohlweg, den ich dafür halte, einer ist, denn ein wirklicher Hohlweg soll sich wie ein Dach über einem schließen. Dieser ist aber auch nicht schlecht. An seinen ausgefrästen Rändern kann man die tieferen Schichten des Waldbodens studieren. Goethe hätte sich das jetzt sicher genauer angesehen. Aber Goethe meinte ja auch, in Frankreich einen besonderen grünen Stein entdeckt zu haben, der für die Region ganz untypisch war. Und von nahem erwies sich das Wunder als verschimmeltes Brot.

Es ist ganz einfach, in der Bretagne glücklich zu sein. Man muß nur an irgendeinem Ort aussteigen, den kein Reiseführer empfiehlt und ein paar Schritte gehen, zum Beispiel in den Wald. Man geht immer weiter und vergißt über der Schönheit der Landschaft sein Auto. An manchen Stellen ist es sogar so schön, daß man sein ganzes Leben vergißt und nie wieder zurückkehrt. Vor diesen Stellen sollte man eigentlich gewarnt werden.

Vénus de Quinipily

Nach einigem Suchen finde ich die *Vénus de Quinipily* bei Baud. Die Dame, die mich abkassiert, erklärt mir schnell: An der Rückseite des Hauses gibt es eine geländerlose Granittreppe, das sei typisch im Morbihan. Früher seien da die kleinen Kühe hochgestiegen, die *pinoirs*. Die Bretonen hatten ja Kühe und Pferde, die ihnen nur bis zur Schulter reichten. Es gibt auch einen alten Backofen im Garten; für das Recht zu backen, mußte man zahlen. Das Schloß und der dazugehörige Garten sind Privatbesitz, aber manche Wege darf man benutzen. Es ist paradiesisch, man genießt jede einzelne Blume: Kapuzinerkresse, blühende Palmen, Rosen, Margeriten. Bienen und riesige Hummeln wippen auf den Blüten. Jetzt ist man endlich im Sommer angekommen. Es geht ein paar Schritte hinauf, von Terrasse zu Terrasse, dann sieht man die *Venus von Quinipily* auf einem Granitsockel stehen, unter dem einmal eine Quelle floß. Die Herkunft der Skulptur ist umstritten. Manche sehen in ihr eine gallische Göttin. Manche meinen, römische Soldaten hätten sie mitgebracht. In jedem Fall wurde sie von den Bauern so hartnäckig als Fruchtbarkeitssymbol verehrt, daß Bischöfe und Adlige sie mehrmals ins Wasser werfen ließen. Die Bauern haben sie aber immer wieder herausgeholt. Kein Wunder, sie hat ja auch einen äußerst verehrungswürdigen Hintern. Weiter oben hat man zur Sicherheit St-Michel postiert, sozusagen als Anstandsdame. Was für ein friedlicher, sommersirrender Moment! Man bekommt eine Ahnung davon, was es bedeutet, ein Schloß zu besitzen.

Combourg

Combourg liegt etwas nördlich von Rennes. Hier sieht die Bretagne ganz anders aus, wenn man noch die karge Landschaft des Léon oder das Meer mit seinen Klippen vor Augen hat. Bei Combourg ist die Bretagne flach und waldig. Den Park des Schlosses kann man für zwei Euro betreten. An diesem Nachmittag bin ich der einzige Besucher. Am Ende einer Wiese setze ich mich auf eine Bank und betrachte aus der Ferne das klobige Schlößchen, in dem François-René de Chateaubriand aufgewachsen ist, der unweit von hier, in Saint-Malo, geboren wurde. Angeblich hatte er eine freudlose Jugend in der regnerischen Bretagne, was ihm eine Verstimmtheit bescherte, die er sein ganzes Leben lang nicht loswurde: bei seiner Reise nach Amerika, auf der er daran scheiterte, eine Nordwestpassage zum Pazifik zu finden, als verarmter Adliger im Londoner Exil und als französischer Außenminister, der sich der Restauration mit einer bonapartefeindlichen Schrift angedient hatte. Während seiner letzten Jahre galt er als lebende Legende, die Romantiker verehrten ihn fast so sehr, wie er sich selbst. Er war der Star des Salons der Madame Récamier, seiner langjährigen Geliebten, neben der er allerdings zuletzt ein gespenstisches Bild abgegeben haben soll: fast gelähmt an der Seite einer erblindeten und gebrechlichen ehemaligen Schönheit. Immerhin hat sie es geschafft, daß ein Möbelstück nach ihr benannt wurde, weil sie sinnend darauf zu ruhen pflegte. Meine Couch hätte es auch verdient, nach mir benannt zu werden, so oft, wie ich sinnend auf ihr ruhe.

Von plötzlicher Müdigkeit übermannt lege ich mich auf die Bank. Durch die hohen Eichen über mir flitzen Eichhörnchen, alles hat also seine Ordnung. Seit Tagen schlafe ich schlecht und schaffe es nicht, mich nachmittags hinzulegen, weil mir die vielen Sehenswürdigkeiten keine Ruhe lassen. Bei Vögelzwitschern und leisem Wind gelingt es mir in dieser ungewöhnlichen und unbequemen Position einzuschlafen. Reisen und Literatur sind doch eigentlich unvereinbar. Literatur entsteht nur im Stillstand.

Chateaubriand hat sich in *René*, seinem ersten Erfolgsroman, als einen der unverstandensten Menschen seiner Zeit porträtiert. Ausgerechnet mit dieser Haltung identifizierten sich dann die Massen. Die einen hatten mit der Revolution ihre alte Welt verloren, die anderen jede Hoffnung auf eine neue. Die Zeit der Heldentaten schien vorbei. Chateaubriand entdeckte den Katholizismus für sich und wollte ein Napoleon des Christentums werden: Wo Napoleon den französischen Staat aus der Revolution geführt hatte, wollte er die Welt wieder zum Christentum bekehren. Tatsächlich war der poetische und künstlerische Gehalt des Christentums lange verkannt worden: Liturgie, Sprache der Bibel, Kathedralenbau, es gab vieles wiederzuentdecken.

Schon mit fünfunddreißig begann Chateaubriand an seinen Memoiren zu arbeiten, die er *Mémoires d'outre-tombe* (Mémoiren von jenseits des Grabes) nannte. Sie sollten nach seinem Tod erscheinen, so daß sein Einfluß auch danach gesichert wäre. Seine letzte Ruhestätte ließ er schon zu Lebzeiten nach dem Vorbild von Napoleon auf Sankt Helena anlegen, weil er ihn für den einzigen ihm ebenbürtigen Menschen seiner Zeit hielt. Es ist eine unbeschriftete Grabplatte, die von einem Granitkreuz überragt wird, und sie befindet sich auf der L'île du Grand Bé, einer Halbinsel vor Saint-Malo, die man bei Ebbe zu Fuß erreichen kann.

Die Wurzeln von Chateaubriands gepflegter Melancholie sollen in Combourg liegen. Dem Schloß aus dem elften Jahrhundert fehlt tatsächlich jede Anmut, es ist reichlich massiv geraten. Zwei Jahre hat Chateaubriand mit seiner Familie hier verbracht. Monatelang kam kein Besuch. Sein Vater begnügte sich damit, im Sommer die Eulen zwischen den Zinnen wegzuschießen. Wenn er deprimiert durch die Gänge schlich, wagte es die Familie nicht, den Mund aufzutun. Im Turm, den Chateaubriand bewohnte, spukte es. Vor dem Schlafengehen mußte er unter die Betten, in die Kamine, hinter Türen und Treppen nach Geistern schauen, um seine Schwester und die Mutter zu beruhigen.

An der Penfeld in Brest steht ein Gedenkstein: »WENN ER SICH IN BREST AUFHIELT, KAM DER JUNGE CHATEAUBRIAND OFT ZUM TRÄUMEN AN DIE UFER DER PENFELD.« So bedeutend war dieser Mann, daß man ihm überall, wo er gern spazierte, Denkmäler aus dem Granit seiner Heimatstadt errichtete. Man muß sich vor den Nachkommen in acht nehmen. Ich weiß nicht, ob es mir recht wäre, wenn man an meinen Lieblingsstellen Monumente aus Berliner Plattenbau-Beton aufstellen würde: »Während seiner Tage im Oderbruch träumte der junge Schmidt oft an den Ufern der Alten Oder.«

Ich gehe einmal ums Schloß. Hinten fasziniert mich eine gußeiserne, spiralförmige Regenrinne. Sicher kein wesentliches Detail, aber was soll man machen, wenn jemand über 3000 Seiten Memoiren hinterläßt, bleiben der Nachwelt nur noch unwesentliche Anmerkungen.

Roc Trévezel

Eine Landschaft schafft sich ihre Höhepunkte selbst. Auf den blauen Bildern von Yves Klein wäre ein roter Punkt eine Sensation. Verglichen mit den Alpen, oder jedem richtigen Gebirge, sind die Monts d'Arrée nur sanfte Hügel, nicht höher als 330 Meter. Aber wenn man eben noch am Strand lag oder an einem Flußufer im Schatten von Laubbäumen saß, dann fühlt man sich hier wie auf dem Mond. Und das eigentliche Gebirge türmt sich ja ohnehin am Himmel auf, in Gestalt der Wolken.

Der Wind fegt wütend über einen hinweg, irgendwann wird er auch diesen Berg abschleifen. Schieferspitzen ragen schroff aus dem Boden, es gibt keine Bäume, der Blick streift ungehindert in alle Himmelsrichtungen, mit etwas Glück sieht man sogar das Meer. Auf dem nächsten Gipfel erkennt man die St-Michel-Kapelle, die, wie viele Kapellen in der Bretagne, auf einem Hünengrab errichtet wurde. Etwas weiter nördlich liegt der Forêt de Huelgoat. Im Süden erkennt man das Yeun-Elez-Torfmoor, in dem sich der Legende nach der Eingang zur Hölle befindet. Hier entstiegen die Geister der Verbrecher der Erde, denen ihr Gewissen keine Ruhe ließ. Nur wenige begnadete Priester konnten sie einfangen. Dann wurden sie in Wolfshäute eingenäht und im Moor versenkt.

Die französische Administration hatte die Feinfühligkeit, ausgerechnet neben dem Yeun-Elez-Moor das erste Atomkraftwerk der Bretagne zu errichten, das inzwischen zwar stillgelegt, aber nicht demontiert ist. Einer der Gründe für das Mißtrauen vieler Bretonen gegen alles, was aus Paris kommt. Die Fernsehantenne einen Hügel weiter ist schon mehrmals von Aktivisten beschädigt worden, um die Verunreinigung der Bretagne durch die Lügen der Staatsmedien zu unterbinden.

Auf diesen Gipfeln fühlt man sich wie in einer Hochebene. Wo die dünne Erdschicht aufplatzt, kommt der Granit zum Vorschein, aus dem die Bretagne besteht. Goethe hat diesem Stein einen Aufsatz gewidmet, er sah im Granit das Gegenstück zum menschlichen Herzen:

> »Ich fürchte den Vorwurf nicht, daß es ein Geist des Widerspruches sein müsse, der mich von Betrachtung und Schilderung des menschlichen Herzens, des jüngsten, mannigfaltigsten, beweglichsten, veränderlichsten, erschütterlichsten Teiles der Schöpfung, zu der Beobachtung des ältesten, festesten, tiefsten, unerschütterlichsten Sohnes der Natur geführt hat.«

Herz und Granit, die weichste und die härteste Schöpfung der Natur. Den Kopf im Wind, verloren zwischen öden Gipfeln, drängen sich Goethe existentielle Gedanken auf. Er fühlt, wie sich seine Seele in den Himmel sehnt, während der Blick über die Welt schweift. Aber Goethe wäre nicht Goethe, ohne sein tiefes Mißtrauen gegen die Naturgewalten:

> »Aber bald ruft die brennende Sonne Durst und Hunger, seine menschlichen Bedürfnisse zurück. Er sieht sich nach jenen Tälern um, über die sich sein Geist schon hinausschwang, er beneidet die Bewohner jener fruchtbareren quellreichen Ebnen, die auf dem Schutte und Trümmern von Irrtümern und Meinungen ihre glücklichen Wohnungen aufgeschlagen haben, den Staub ihrer Voreltern aufkratzen und das geringe Bedürfnis ihrer Tage in einem engen Kreise ruhig befriedigen.«

Auch mich zieht es wieder zu den Menschen, die das »geringe Bedürfnis ihrer Tage befriedigen«. Und weil ich ihn nun schon von weitem gesehen habe, fahre ich zum Forêt de Huelgoat. So ist es immer, wenn man einmal losfährt, treibt es einen weiter, bis man mal eben in Berlin vorbeischaut. Aber abends muß man wieder zurück.

In Huelgoat lese ich eine Gedenktafel für Urbain-François le Bihan Sieur de Kervoac, der um 1721 nach Nouvelle-France ausgewandert ist. Es ist der Vorfahr aller Kerouac, Kirouac und Kéroack Amerikas. Also auch der von Jack Kerouac, dem Sänger der Beatniks, der sich gegen Ende seines Lebens bemüht haben soll, die Herkunft seines Namens zu erforschen. Es hätte ihn sicher gefreut, aus Huelgoat zu stammen, denn der Ort ist nicht umsonst berühmt.

Auf den ersten Blick ist es ein putziges Städtchen an einem friedlichen, spiegelglatten See. Mit einem freundlichen, quadratischen Platz, dem man seinen Disneylandcharme nicht übelnimmt. Der Wind pfeift durch einen der typischen, kantigen Kirchtürme, die aussehen, als wären sie aus großen Legosteinen zusammengesetzt worden. Ich bewundere wieder die Blumenverrücktheit dieses Landes. Als bemühte man sich, dem Schauder der Natur den Liebreiz der Blumen entgegenzusetzen. Sogar die Zapfsäulen an der Tankstelle sind mit Geranientöpfen versehen.

Der Teufel war in der Bretagne sehr fleißig. Es gibt die Roches du Diable bei Quimperlé, das Trou de l'Enfer auf der Île de Groix, die Pointe du Diable bei Brest und in den Monts d'Arrée sogar den Eingang zur Hölle. Die Grotte du Diable im Wald von Huelgoat trägt ihren Namen zu Recht. Riesige Findlinge liegen übereinandergetürmt und ineinanderverkeilt, durch schmale Zwischenräume steigt man steile Leitern hinab und hört von unten schon einen Bach rauschen. Dort dringt kein Licht mehr durch die über einem aufgetürmten Steine, nur noch ganz oben schimmert ein schmaler Spalt vom Himmel. Wie war das früher, als es noch keine Leiter gab, um zum Teufel hinabzusteigen?

Etwas weiter liegt ein riesiger Findling im Wald, *la roche tremblante*, den man zum Wackeln bringen kann, wenn man an einem bestimmten Punkt rhythmischen Druck ausübt. Mir ist das noch nie gelungen. Erschöpft vom neuerlichen Versuch setze ich mich auf eine Bank und beobachte den Bach. Die Steine in seinem Bett liegen wild durcheinander, riesig und rund, wie vom Himmel gefallen. Ich staune über ihr trotz der Masse fragil wirkendes Gleichgewicht. Wenn man lange genug wartet, wird sich vielleicht wieder etwas bewegen. Auf einem Stein hat ein Baum Wurzeln geschlagen. Wenn er wüßte, wie gut er es in der Erde hätte! Man fragt sich, wenn man das sieht, ob eigentlich die tote oder die lebende Natur stärker ist. Natürlich muß man sich den Mülleimer, die Bänke und die vielen Hinweisschilder wegdenken, aber dann bekommt diese Findlingslandschaft wieder etwas Märchenhaftes. Von der Landstraße aus ahnt man nichts von einer solchen Szenerie, die hinter den Bäumen versteckt liegt, wie hinter einem Vorhang.

Es dämmert ziemlich schnell. Aber man meint zu bemerken, daß der Himmel in Richtung des Meers sich rosa-schwarz färbt. Ich rase durch die Dämmerung und den aufkommenden Nebel und beeile mich, nach Guimiliau zu kommen, das einen *enclos paroissial* hat. Die *calvaires* sind ein gutes Beispiel für den nachhaltigen Effekt von Investitionen in die Kultur. Wer hätte im 16. und 17. Jahrhundert, als sie errichtet wurden, gedacht, auf wie lange Sicht sich dieses einmalige Engagement auszahlen sollte? Ohne sie würden diese Orte wahrscheinlich kaum besucht werden.

Die Ansammlung von über hundert sehr realistischen Steinfiguren um das große Kreuz ist beeindruckend. Da die einfachen Menschen in der Regel nicht lesen konnten, dienten diese Figuren ihnen sicher als Merkzeichen für die bebilderten Bibelepisoden.

Ich gehe einmal um die Kirche. Der Kies knirscht tröstlich. Immer wieder der mit Flechten bedeckte Granit, dessen Muster aussieht wie eine Landkarte. Manche Stellen sind sogar rötlich gefärbt, vom Meersalz der Luft. Die schönen bretonischen Namen auf den Gräbern: Manach-Abgrall, Cabioc'h, Croguennec, Elleouet-Poulesquen.

Zu jedem Enclos gehört ein *ossuaire*, ein Beinhaus. Wenn die Gräber geräumt wurden, bewahrte man die

Knochen der Toten hier auf. Heute verkauft man Souvenirs. Ich betrete das Gebäude und muß mir die Ohren zuhalten wegen der lauten, geistlichen Musik. Anscheinend ist die Wächterin, die sich an dieser Musik erfreut, etwas harthörig. Ich sehe mir die Büchertische an, die gespenstisch wirkenden Trachtenpuppen, das *lit-clos* (Schrankbett) mit an der Decke hängender Wiege. Früher hat man in solchen mit reichen Schnitzereien verzierten, verschließbaren Kisten geschlafen. Ein Grund dafür war, daß man nur einen Raum für alle hatte, den man sich oft mit den Tieren teilte. Da erfüllte das *lit-clos* die Funktion einer Antistreßbox. Manchmal standen sogar zwei übereinander.

Ich kaufe ein Buch über die Geschichte des Bretonischen. Die Wächterin freut sich, daß ich mich dafür interessiere. Ob sie denn Bretonisch spreche, frage ich sie, worauf sie mit deutlichem Stolz antwortet: »Das ist meine Muttersprache. Zu Hause habe ich nie Französisch gesprochen.« Mit wem sie denn heute noch Bretonisch sprechen könne? Mit den Kindern, die es in den *Diwan*-Schulen lernen. Sie habe durchaus Hoffnung für die Sprache. Ich frage sie, ob sie denn Enkel habe?

»Ich bin ledig«, flötet sie, in diesem scheinbar gelassenen Ton, der die unglückliche Jungfer verrät.

Draußen senkt sich die Nacht über den menschenleeren Ort. Manche Häuser wirken schief und unentschlossen, in welche Richtung sie kippen wollen. Andere lehnen sich müde an ihre Nachbarn. Eine Kneipe schließt, zwei Männer diskutieren in der Tür. Ich bin überwältigt von der Fahrt durch diese Landschaft, die Kulissen der Bäume in den verschiedenen Schattierungen. Wie sich durch die Nacht plötzlich wieder alles mystifiziert. Das drängende Bedürfnis dieser Menschen nach Religiosität, es muß ja einen Grund gehabt haben.

Pointe du Raz

Die mit 150 Jahren älteste Konservenfabrik der Welt steht in Douarnenez. Im 19. Jahrhundert gab es an der bretonischen Küste 160 Konservenfabriken, allein dreißig in Douarnenez. Später sind die Sardinenbänke weiter in den Süden gezogen, aber lange Jahre arbeiteten Tausende von Frauen in den Fabriken und sortierten kostbare Sardinen, die wie Wein sind und mit der Zeit immer besser werden. In Douarnenez hat man den bretonischen Frauen, die in den Konservenfabriken geschuftet haben, ein Denkmal errichtet.

Als ich in der Stadt ankomme, sind die Straßen gesperrt. Ein Spalier von Männern in gelben Kitteln leitet mich am Zentrum vorbei. Ich fahre eine Weile hinter einer Radlerin im Wettkampftrikot her, bis mir klarwird, warum sie so aufgeregt winken: Ich soll die linke Spur benutzen, weil ich in ein Radrennen geraten bin. Man hat in der Bretagne ja oft das Gefühl, in Radrennen zu geraten. Überall begegnen einem ältere Herren in Profitrikots, die sich die Hügel hochkämpfen, auf Abfahrten grüßen sie sportlich.

Es ist ein Juniorenrennen für Frauen. Ich stelle mich an den Straßenrand und sehe zu. Ich bin fast der einzige Zuschauer, wahrscheinlich sind die anderen die Eltern. Der ganze Ort wirkt wie ausgestorben. Es ist so still, daß man die Schaltungen klacken hört. Ich überlege, ob ich wie bei der Tour de France die Namen der Fahrerinnen auf die Straße schreiben sollte. Ich würde gerne das eine dicke Mädchen unterstützen, das immer so schwungvoll die Straße runterrauscht, alle überholt und dann für den Berg doppelt so lange wie die anderen braucht. Aber wie heißt sie? Isabelle? Suzanne? Soll ich schreiben: »*ALLEZ*, DICKES MÄDCHEN, *ALLEZ*!«

Am alten Hafen gehe ich in ein unauffälliges Bistro. An einem der Tische liest ein Mann mit hochrotem Kopf und weißem Haar die Zeitung. Über ihm läuft auf einem großen Fernseher MTV. Der Sänger von Depeche Mode hat sich trotz Drogen- und Alkoholmißbrauchs besser gehalten als dieser Mann. Ich nehme die Zeitung, Kaugummi und einen Kaffee und setze mich auf die Terrasse. Am Nebentisch diskutieren Fischer. Jedenfalls sehen sie aus wie Fischer, in ihren schmutzigen, blauen Jacken, den Gummistiefeln und vor allem wegen der verschiedenen, lustigen Arten, sich seine Wollmütze aufzusetzen. Manchmal grüßt sie jemand: *»Ça roule?«* Einer dreht sich noch einmal um: *»Je reviens, comme les Parisiens!«* Ob das hier ein geflügeltes Wort ist?

Ich werde oft gefragt, wo ich am liebsten schreibe. Ich kann den Fischern ja mal dieselbe Frage stellen: »Wo fischen Sie vorzugsweise?«

»Wo wir fischen? Also von Douarnenez aus den Canal St. Georges hoch, die ersten Schleppnetze lassen wir im Norden von Irland raus. Bei 56,57 Grad nördlicher Breite liegen die Schrägen der Kontinentalplatte, die fahren wir entlang. Die schottische Platte ist SSW-NNO orientiert, die fahren wir bis 60 Grad hoch und fischen dabei in 200 bis 800 Metern Tiefe. Von 56 bis 60

Grad, das ist ganz schön weit. Ich war auch ein paar Jahre vor Island, aber Anfang der Siebziger gab es kein großes Aufkommen mehr dort, deshalb sind wir oft westlich von Irland ausgewichen, in neue Gebiete, die Porcupine-Bank und Rockall, einen einsamen Felsen, der auf 200 Meilen allein im Wasser steht.«

Das war doch einmal eine erschöpfende Auskunft.

Die Masten der Boote quietschen. Ein paar Möwen kreisen über uns. Wenn sie weiter ins Land fliegen, soll das Regen bedeuten, weil sie den Stürmen über dem Meer aus dem Weg gehen. In der Ferne der grüne Flikkenteppich der Bucht. Hier soll die sagenhafte Stadt Ys versunken sein. Ys war im sechsten Jahrhundert die Hauptstadt der Cornouaille, so schön, daß nach einem Volksglauben Paris danach benannt sein soll: *Par-ys* (Wie Ys). Nur ihr gutmütiger König Gradlon besaß den Schlüssel zum Öffnen der Schleusentore. Seine Tochter Dahut führte ein lasterhaftes Leben und ließ sich mit dem Teufel in Gestalt eines jungen Mannes ein (schon wieder muß der Teufel herhalten...). Als Liebesbeweis verlangte er, daß sie ihrem Vater den Schlüssel für die Schleusen stahl. Die Stadt wurde überflutet, Gradlon zog seine Tochter aufs Pferd und konnte gerade noch davonreiten. Aber die Flut drohte sie zu verschlingen, da befahl ihm eine Stimme aus dem Himmel, seine Tochter zu opfern. Er stieß Dahut vom Pferd, sie ertrank, und das Meer beruhigte sich. Danach wählte Gradlon Quimper als Hauptstadt, wo zwischen den Türmen der Kathedrale eine kleine Reiterstatue an ihn erinnert.

Eine typische bretonische Legende, ein wenig lustfeindlich und frömmelnd, wie die meisten bretonischen Märchen.

Ich studiere die Zeitung. Sie kündigen an, daß demnächst wieder die Eier der Goélands sterilisiert werden, um ihre Vermehrung zu regulieren. Goélands sind besonders große Möwen. Wenn man die Eier zerstören würde, würden sie neue legen. Das hätte ich aus »Le Monde« nicht erfahren. Und auch nicht die folgende Meldung:

> »Auf dem Markt gab es gestern einen verdächtigen Geruch. Die Feuerwehr wurde eingeschaltet, konnte aber die Quelle des Geruchs nicht finden.«

Ich fahre die Küstenstraße weiter in Richtung der Pointe du Raz. Einmal halte ich und bin in wenigen Schritten am Meer. Man sieht die Halbinsel Crozon mit dem Cap de la Chèvre und dahinter sogar die Pointe de St. Mathieu. Es ist schon erstaunlich, wie weit man sehen kann, und daß man dort auch schon gestanden hat. In meiner Euphorie grüße ich eine alte Frau, und sie grüßt zurück, als sei ich einer der ihren. Ich steige geübt ins Auto, mit dem ich nach und nach verwachse. In der Baie des trespassés (Bucht der Verschiedenen) steht ein einsames Hotel am Strand, wie die Kulisse für einen Horrorfilm, die Bucht hat ihren Namen von den vielen Ertrunkenen, die hier angeschwemmt wurden. Die Straße windet sich steil auf und ab, mit dem Fahrrad wäre das alles sehr anstrengend.

Die Pointe du Raz. Fünf Euro fürs Parken. Dann kommt eine Ladenstrecke mit Shops: Seemannsbekleidung, Postkarten, Crêpes, häßliche Plastikfiguren von stilisierten Bauern und Bäuerinnen. Plötzlich bekomme ich auch Lust auf so eine Schiebermütze. Berufsbekleidung als Authentizitätsbeweis. Die Kleidung der Fischer ist inzwischen schon so exotisch wie Indianerschmuck. Um 1900 lebten noch zwei Drittel der 3,2 Millionen Bretonen von der Landwirtschaft und 2,3 Prozent von der Fischerei.

Ich kann widerstehen. Das I-love-N.Y.-T-Shirt, das ich mir in meiner Begeisterung in New York gekauft habe, liegt seitdem auch nur im Schrank. Entweder, es würde lächerlich wirken, oder man würde mir Zynismus unterstellen.

Dann stehe ich endlich am Kap der Kaps, dem westlichsten Punkt der Bretagne. Der Felsen reicht weit ins Meer hinein, und ein paar Meilen weiter taucht er wieder auf, in Gestalt der Île de Sein. Auf dieser winzigen Insel, die so flach ist, daß sie manchmal von Wasser überflutet wird, leben nur wenige hundert Menschen. Es gibt dort kein Grundwasser. Wegen ihrer Armut waren die Bewohner noch bis ins 20. Jahrhundert hinein von Steuern befreit. Im Juni 1940 gingen 140 Männer von hier nach London, um sich de Gaulles Exilarmee anzuschließen. Noch in den fünfziger Jahren hatte man nur Strom, wenn der Leuchtturm arbeitete, oder wenn das Nebelhorn ging. Deshalb jubelten die Frauen bei Nebel und warfen ihre Waschmaschinen an.

Auf einem mit Seilen gesicherten Pfad kann man die Klippen umrunden. An manchen Stellen steht man über einem siebzig Meter tiefen Abgrund. Man würde spurlos verschwinden in der milchigen Gischt. Grasbewachsene, steile Klüfte, der Fels ist von orangenen Flechten bedeckt. Ich schaffe es schwitzend bis zur Spitze der Spitze. Hier draußen müßte man in einer Felswölbung übernachten. Aber ich wage es nicht, mir vorzustellen, was hier in den Novemberstürmen los ist! Unten wippt ein Fischerboot im Wasser. Ein verwitterter Rettungsring hängt am Fels. Vorbeihuschende Eidechsen. Ich habe mich immer nach solchen Orten gesehnt, um etwas Besonderes zu empfinden oder etwas Wichtiges zu verstehen. Aber was? Es konnte nicht öde und abgelegen genug sein. Die Keltomanie des 19. Jahrhunderts projizierte diese Zivilisationsmüdigkeit auf ein ganzes Volk, das sich vom Irrweg des restlichen Europa rechtzeitig distanziert hatte, um in den ödesten und abgelegensten Winkeln des Kontinents seine spirituelle Nähe zur Natur zu pflegen. Dabei ist es eine völlige Fehleinschätzung, die Bretagne als Sackgasse der Völkerwanderung zu sehen. Das Meer war für dieses Volk keine Barriere, sondern eine bequeme Straße in die Welt.

Fünfunddreißig Minuten brauche ich von der Spitze zurück zum Parkplatz. Dieses Nebeneinander von erhabener Natur und profaner Zivilisation, das typisch für die heutige Bretagne ist: auf engstem Raum eine urzeitliche Klippe und ein perfektes Klo. Es gibt sogar einen Shuttle-Bus von der Klippe zum Parkplatz. Ich muß an ein Bild von Henri Cartier-Bresson denken, das dieselbe Stelle in den fünfziger Jahren zeigt. Eine alte Bretonin im schwarzen Witwenkleid und mit der damals noch üblichen weißen, hochaufragenden Coiffe steht an der Klippe, vielleicht dort, wo jetzt die Parkplätze sind. Sie verkauft an einem improvisierten Stand Spitze und Postkarten. Die Anfänge des Tourismus, der 1936 mit der Einführung des bezahlten Urlaubs aufkam und das Land nachhaltiger verändert hat als die römische Besatzung.

Vielleicht teilt die Natur das Schicksal populärer

Künstler. Sie werden von den Massen totgetreten. Man fühlt sich nicht mehr exklusiv als ihr Bewunderer. Wer kann Dalí noch ernst nehmen, seit er in jeder WG-Küche hängt?

Das Gegenteil von Tourismus

Eigentlich hat das nichts mit der Bretagne zu tun, aber im weitesten Sinne schon, weil man in Frankreich nicht an Comics vorbeikommt. In den größeren Städten gibt es Spezialgeschäfte, in denen zwischen den Büchern wie auf Altären Plastikmodelle der Helden stehen. Die frischen Farben der Alben duften, man ruiniert sich, wenn man sich vornimmt zu sammeln. In Rennes flüchte ich nach einem Gang durch die von 30 000 kaffeetrinkenden Studenten bevölkerte Fachwerkaltstadt in ein solches Geschäft, weil mir im Schaufenster ein Comic mit dem Titel *Pyongyang* aufgefallen ist. Ich kaufe es und setze mich damit selber vor ein Café. In dem Buch wird das Gegenteil von Tourismus beschrieben. Nordkorea, ein Land mit drei Hotels und noch weniger Touristen. Der Autor fährt für seine Zeichentrickfirma nach Pyongyang, um die Produktion französischer Animationsfilme zu überwachen. In Frankreich werden nur noch die Schlüsselszenen gezeichnet.

Es gibt keine Cafés, Radio ist für Ausländer verboten, der einzige Fernsehsender zeigt Militärparaden. Man bekommt keine Erlaubnis zum Spazieren, es sei denn in Begleitung eines persönlichen Führers. Wie zufällig geleitet er den Besucher zum Monument von

Kim Il Sung, vor dem man angehalten wird, Blumen abzulegen. Kim Il Sung gilt immer noch als Präsident des Landes, man ignoriert seinen Tod einfach.

Ich blicke von der Lektüre auf, sehe die Studentenmassen, die Touristengruppen, die sich Kirchen erklären lassen, die Hinweistafeln am Ortseingang, die elektronischen Anzeigetafeln, die einen in jeder Stadt über das aktuelle Veranstaltungsangebot informieren, die blitzsauberen Toiletten an der Pointe du Raz und in Locronan, die Tourismusbüros mit ihrer Flyerflut, die Erlebnisspaziergänge, Naturpfade, Campingkolonien, und für einen kurzen Augenblick tröstet mich die Vorstellung von einem Land, das seine Touristen als Spione betrachtet.

Le Faouët doit jouer la carte touristique

Wenn man Flüsse begradigen kann, kann man auch Dörfer begradigen. Das ist in der Bretagne infolge des durch den Tourismus erlangten relativen Wohlstands allzuoft geschehen. Es muß eine richtige Epoche der Dorfbegradigungen gegeben haben. Der typische bretonische Ort verfügt heute über ein Standardinventar: Kulturhaus, *Salle polyvalente* (Mehrzwecksaal), eine in einen Sammelband über Bausünden der Moderne passende *Mairie*, eine avantgardistische und möglichst wenig ins Straßenbild passende *Médiathèque*, ein Altersheim, eine *École publique*, eine Mülldeponie, eine *Maison des associations*, eine Sparkasse, einen *Complexe sportif*. Natürlich weisen an jeder Kreuzung Schilder auf diese

Errungenschaften hin. Schon am Ortseingang befindet sich ein Kreisverkehr, von dem aus man überallhin abbiegen kann. In der Mitte des Verkehrsinselchens steht ein Kunstobjekt aus den typischen Materialien der Region oder aus dem Schrott der letzten Verkehrsunfälle. Umgeben werden die Orte von einer relativ neuen und ziemlich kahlen Einfamilienhauszone, durch die man zum äußeren Ring gelangt, der von schuhkartonartigen Großmärkten dominiert wird: *Hypermarché, Intermarché, Bricomarché, Jardimarché, Vétimarché, Logimarché, Litrimarché, Écomarché.* Es gibt auch immer Billigdepots am Stadtrand, die eine Ansammlung von Scheußlichkeiten anbieten, wie sie in solcher Konzentration selten auf der Welt zu finden sein dürften: Aschenbecher mit Lassiebildern, Küchenschürzen mit Plastikbrüsten, Spritzpistolen in Penisform, getigerte Tabletts, Wecker in Form eines kiffenden Bob Marley.

Zwar wirbt auch vor solchen Orten immer ein Schild mit dem Hinweis: *»Petite ville avec charactère«*, aber wenn man in Erfahrung bringen will, ob solche Orte auch eine Seele haben, muß man ihre Einwohner kennen. Ich treffe mich mit dem *adjoint* des Bürgermeisters von Le Faouët, einem 2800-Seelen-Städtchen im Morbihan.

Zwanzig Minuten zu spät erreiche ich den Weiler der Familie Le Goulven. Herr Le Goulven steht schon an der Straße, um mich abzupassen. Ich könne gar kein Deutscher sein, hätte er gerade zur Nachbarin gesagt, weil ich nicht pünktlich bin.

Der Tisch auf der Terrasse im Garten ist schon gedeckt. Ich lasse mir den Garten erklären, es gibt *lilas* (Flieder), *bruyère* (Erika), Azaleen, *daphné* (Seidelbast),

Dahlien (deren Knollen man früher gegessen habe), Eukalyptus, Kapuzinerkresse und natürlich Hortensien, von denen das ganze Land überwuchert ist. Eigentlich blühen sie bis Oktober, aber in diesem Jahr hat es so wenig geregnet, daß sie schon im Juli aussehen wie die verblichenen Badekappen unserer Großmütter.

Herr Le Goulven arbeitet als Lehrer und würzt seine Rede mit Daten. Seine Sprache ist wie die vieler Lehrer etwas altmodisch, er benutzt Wörter wie *hurluberlu* (Luftikus). Nach Kartoffeln und Schweinebraten zeigt er mir seine Stadt. Von den 2000 Wählern haben 300 für Le Pen gestimmt (ein Bretone, sein Name heißt sinnigerweise »Der Kopf«), trotzdem ist im Moment die Linke an der Macht. Er selbst sieht sich als Sozialist und fragt mich hartnäckig nach dem Neuen Forum aus. In den Sechzigern hätten sie gerufen: *»Élections, piège aux cons.«* Ein deutscher Politiker namens »Lippnekt« ist sein Vorbild, nach einer Weile wird mir klar, daß er »Liebknecht« meint.

Zuerst ist das Museum dran, in dem scheußliche Genreszenen von Malern hängen, die hier früher gelebt haben, vor allem Engländer. Auf fast allen Bildern sind die berühmten hölzernen Markthallen aus dem 16. Jahrhundert mit ihrem tiefhängenden Schieferdach zu sehen.

Dann werde ich nacheinander zum *Collège catholique* und zu Herrn Le Goulvens staatlicher, laizistischer Schule geführt. Die Konkurrenz zwischen privater katholischer und staatlicher Schule hört man deutlich heraus. Und die dauernden Spitzen gegen den alten Bürgermeister von der Rechten erinnern fast schon an Don Camillo und Peppone.

Die größte Sehenswürdigkeit des Orts ist die Chapelle St-Fiacre. Das Wappen der Adligen über dem Portal der Kapelle ist während der Revolution ausgekratzt worden. Im Innern steht ein spätgotischer, geschnitzter Lettner mit einer Darstellung der Todsünden. Die Faulheit ist durch einen Biniou-Spieler symbolisiert. Ich frage lieber nicht, welcher Heilige »St. Fiacrius« war. In der Bretagne gibt es der Legende nach 7777 Heilige, gezählt hat man etwa 600. Die wenigsten von ihnen sind, wie St. Yves, der Schutzpatron der Juristen, von der katholischen Kirche kanonisiert worden. Sie waren keltische Mönche aus England oder Irland, die das Land christianisiert haben. Zwanzig Stunden dauerte die Fahrt auf dem Schiff von Wales in die Bretagne. Angeblich kamen sie in Steintrögen. St. Ronan kniete gleich auf einem Felsblock nieder und ließ sich von ihm durch die Fluten tragen.

Sie hatten erstaunliche Spezialgebiete, es gibt sogar Heilige, zu denen man bei Gedärmkrankheiten betete. Die Qualifikation erwarben sie sich durch ihr Martyrium. Der heilige Miliau wird bei Kopfweh angerufen, seit ihn die Heiden enthauptet haben. Wenn die Heiligen nicht halfen, drehte man sie im übrigen zur Strafe mit dem Gesicht zur Wand, peitschte sie aus oder begoß sie mit kaltem Wasser.

In Ermangelung anderer Sehenswürdigkeiten werde ich zum Campingplatz geführt. Die Frau von der Rezeption zeigt uns das idyllische Gelände. Hinter dem Zaun plätschert ein Bach. Zur Zeit hält sich dort ein Schwan auf. Wir unterhalten uns über ihre Vorfahren. Ihr Großvater war im Stadtrat. Der ganze Rat ist in den Fünfzigern exkommuniziert worden, weil sie Kirchenland beansprucht haben. So heiß ist es damals hergegangen. Nicht einmal zu ihrer Taufe, bei der er Pate sein wollte, durfte der Großvater die Kirche betreten. Er hat zwar, um dem Fortschritt zu huldigen, seinen Jungen auf die staatliche Schule geschickt, das Mädchen aber, damit sie einen Mann fände, auf die katholische. So sei das hier.

Ich frage nach den Bombardements von Lorient, das ja nicht weit entfernt liegt. Ja, ihre Großmutter hatte große Angst, weil man die Bomben gehört habe.

Wir fahren weiter zur Chapelle Ste-Barbe am Rande eines Plateaus, hoch über einem bewaldeten Flußtal. Die Kapelle steht auf einem Felssporn. Ein Adliger war auf der Jagd von einem Gewitter überrascht worden. Der Sturm riß Bäume aus, ein Felsblock rollte auf ihn zu. Er schwor, an dieser Stelle eine Kapelle zu errichten, wenn er verschont bliebe, woraufhin der Felsblock mit einem Mal liegenblieb. Die heilige Barbara ist die Schutzpatronin der Tunnelbauer und aller Berufe, die mit Sprengstoff zu tun haben. Auch bei Gewitter kann man sie anrufen, man muß es natürlich nur wissen.

Herr Le Goulven, der gerne Wörter aus der Jugendsprache wie *teufeur* (von *fête*, das umgedreht *teuf* heißt) oder *raveur*, benutzt, erzählt mir vom Skandal der Saison. Die Veranstalter des »Tecknival«, eines illegalen Raves, hatten sich in diesem Jahr die Hochebene der Chapelle Ste-Barbe für ihre Party ausgesucht. Wenn die Bauern von solchen Raves etwas mitbekommen, kippen sie Gülle und Mist auf ihre Felder, um die Jugendlichen fernzuhalten. Diesmal war es zu spät.

Den 10000 Ravern standen starke Einheiten der C. R. S. (Compagnie Républicaine de Sécurité) und der Polizei gegenüber. Es gab heftige Auseinandersetzungen, in deren Verlauf einem Raver beim Versuch, eine Tränengasgranate aufzuheben, die Hand abgerissen wurde. Dieses Ereignis hat zu wilden Debatten in der Bevölkerung geführt.

In der kleinen Buvette neben der Kapelle arbeitet ein alter Mann, den Herr Le Goulven mir nicht vorstellen will, weil er als übertrieben nationalistisch gilt, ein *franchouillard*. Seltsamerweise hat er sich mit den Ravern gut verstanden und ihnen seine Getränkevorräte verkauft. Als er hört, daß ich Deutscher bin, ruft er mir durch ein kleines Fenster zu: *»Alors? C'est ›sehr schön‹? Tous les jours ils disent ›sehr schön‹.«* Daß er mit den Ravern ausgekommen ist, hat ihn anscheinend im Ort nicht beliebter gemacht. Es gab eine anonyme Flugblattaktion gegen ihn, bei der die lange Liste seiner Sünden herumgereicht wurde. Man zitierte ihn: »Ich war drei Tage mit ihnen zusammen, sie haben den Ort respektiert. *C'est plus propre qu'après les bigotes le jour du pardon.*« (»Es ist sauberer hinterlassen worden, als von den Bigotten beim Pardon.«) Außerdem erinnert man daran, daß er sich »das Wunder von Ste-Barbe« nenne, seit er einmal nachts betrunken die Treppen der Kapelle heruntergefallen sei, ohne sich etwas zu tun.

Auf dem Rückweg lasse ich Herrn Le Goulven an einem eigenartigen Garten halten. Das Haus gehört einem pensionierten Schuhverkäufer. Der Garten ist bevölkert mit Hecken, die aussehen wie Fabeltiere, Pferde und Elefanten. Es gibt Holzschuhmobiles, Geschützlafetten, Flugzeugmodelle, kleine Irrgärten. Welche Sehnsüchte wurden hier sublimiert? Es ist wie immer, hinter der Fassade eines so verschlafenen Orts lauern unerwartete Abgründe.

Abends gehen wir in die »Charrue d'or«, eine Kneipe an der Straße nach Gourin. Sie wird von einem Schotten und seiner deutschen Freundin betrieben, die seit zehn Jahren in der Bretagne lebt. Ihre Katzen heißen Siegfried, Parzival, Lohengrin und Beckenbauer. Außer uns sind heute abend nur zwei ziemlich angeheiterte Gäste hier. Die Frau will unbedingt, daß ich mit ihr tanze. So etwas passiert mir hier ständig. Nur weil ich immer so unschuldig gucke wie Tintin, denken sie, ich könne nicht nein sagen.

Wir unterhalten uns über andere solcher Kneipen in der Bretagne. Es gibt sogar ein paar mit Fußböden aus Lehm. Ich erfahre, daß vor ein paar Jahren in »Le Faouët« ein Film fürs Fernsehen gedreht wurde. Die Geschichte einer lokalen Legende: *Marion du Faouët.* Sie war eine Art weiblicher Robin Hood und hat jahrelang eine Räuberbande in den Wäldern des Morbihan angeführt. Am Ende ist sie hingerichtet worden. Der Schotte hat in einer Szene als Statist mitgespielt. Sie mußten in mittelalterlicher Verkleidung ein Besäufnis darstellen. Sie waren so betrunken, daß sie gar keinen Regisseur mehr brauchten.

An der Decke hängt ein mit Lampen geschmückter Pflug, der der Kneipe den Namen gibt. Die Wände sind übersät von seltsamen Objekten, vom Indianerschmuck bis zum Sezierbesteck. Auch hier finde ich das Plakat mit den an einem Tisch diskutierenden Jacques Brel, Leo Ferré und Georges Brassens. Es scheint in der Bretagne sehr beliebt zu sein. Genau wie ein anderes Plakat, mit dem Gesicht eines Indianers und eines charismatischen, ausgemergelten bretonischen Greises, die vom selben Stamm sein könnten. Darunter steht:

»BRETAGNE-AMÉRIQUE: 500 ANS DE RÉSISTANCE«.

Ich bleibe über Nacht im Haus der Le Goulvens. Sie lassen mich im Zimmer einer der Töchter schlafen, die inzwischen im Ausland lebt. Ihr ganzes Spielzeug ist noch da. Ich probiere ein Plastiktelefon aus, das auf Tastendruck verschiedene Wörter sagt. *»Maison ... maison ... maison ...«* und *»Papa ... papa ... papa ...«* So etwas hätte ich zum Französischlernen gebraucht.

Am Morgen lasse ich mich zu den Großeltern fahren, die ganz in der Nähe auf ihrem einsamen Hof leben. Der Opa füttert gerade die Rinder auf der Weide. Er ist sechsundachtzig Jahre alt und liebt seinen Trecker. Der erste, den er gekauft hat, war ein Pferd wert. Jetzt hat er seinen dritten. Wir sehen zu, wie er den weißen *bovins charollais* Futter bringt. Ein kleiner Stier legt sich mit den größeren an, der müsse bald kastriert werden, bemerkt Herr Le Goulven fachmännisch, er werde das übernehmen. Ich rücke ein Stück von ihm ab.

Wir begrüßen die Großeltern, deren Muttersprache noch Bretonisch ist. Der Opa hat im Französischen einen starken Akzent. Er sagt »*h*auteur« mit behauchtem »h«. Aber wie viele Bretonen dieser Generation schätzt er seine Sprache nicht besonders: *»Le breton, ça ne mène pas très loin«*, ist das erste, was er zu mir sagt, mit dem Bretonischen kommst du nicht weit.

Er zeigt mir seinen Hof, der durch hohen Palmenlorbeer vor dem Wind geschützt ist. Es gibt Kastanien, reife süße Weintrauben, Birnen und Kiwi.

Sie haben eine eigene Quelle, deren Wasser er auf Holzschienen zur Weide leitet, was sich in diesem trokkenen Sommer als Segen erweist. Im Pays Bigouden hätten schon vier Kommunen kein Wasser mehr. Für die Bretonen ist die ungewöhnlich starke Trockenheit so beunruhigend, daß sie schon darüber nachdenken, die Wasserbestände der Supermärkte aufzukaufen.

Ich bekomme den Verlauf des alten *talus* erklärt. Diese Böschung sei das erste, was man als Bauer anlegen müsse, ohne sie würde man nicht mal genug für den Barden verdienen. In ihrem Fall war sie auch der alte Weg zum Nachbardorf. Wie er mir die Landschaft auflöst, geht mir auf, daß sie ein Text ist, den nur ihre Bewohner lesen können.

Die Talus, Feldraine und Böschungen, die die für die Bretagne so typische Bocage-Landschaft bilden, werden auch *forêt linéaire* genannt. Das Gesträuch war lange die einzige Energiequelle zum Kochen und Heizen. Sie waren von Kleintieren und Vögeln bewohnte Biotope und boten Schutz vor Wind und Erosion. In den fünfziger Jahren des 19. Jahrhunderts kamen bessere Heizungen auf, und sie wurden abgeholzt. Das ist eine der Ursachen für die schlimmen Überschwemmungen, zu denen es heute manchmal kommt. Inzwischen versucht man, die Bocages wieder zu rekultivieren.

Als wir am Feldrain angekommen sind, holt Großvater Le Goulven plötzlich aus, als wolle er mich ohrfeigen. Ich zucke ängstlich zurück und er lacht. Er erklärt mir, daß er als Kind einmal im Jahr mit seinem Vater die Felder abgegangen sei und an jedem Grenzstein eine Ohrfeige bekommen habe, damit er sich für immer die Grenzen merke. Eine gute Methode, vielleicht sollte man so auch Vokabeln lernen.

Großvater Le Goulven hat natürlich auch Bienen. In den Jahren haben sich die verschiedensten Bienenkorbsysteme angesammelt. Herr Le Goulven, dessen Lehrerberufung bei jeder Gelegenheit durchschlägt, repetiert mir die Epochen, zu denen sie gehören. Dann werde ich in ein kühles Gewölbe geführt, in dem Cidre und Chouchen, eine Art Honigwasser, gekeltert werden. Ich bewundere die Apfelpresse. Zwanzig Liter Alkohol darf man laut Gesetz im Jahr produzieren. Am meisten aber beeindruckt mich die Werkstatt. Sorgfältig arrangiertes Werkzeug und Material aus acht Lebensjahrzehnten. Der herrliche Eindruck einer kreativen, ein ganzes Leben erzählenden Unordnung, die man unmöglich künstlich erzeugen könnte. Mattes Licht fällt durch die von Spinnweben verhangenen Scheiben.

Großvater Le Goulven ist am 9. Juni 1940 eingezogen worden und nach Bayonne gegangen. Am 15. Juni kamen dort schon die Deutschen. Da war er aber bereits im Krankenhaus, *convalescence illimitée*, wegen eines Furunkels. 1945 wurde er noch einmal eingezogen, um die deutschen Kriegsgefangenen zu bewachen, die krank und ausgehungert gewirkt hätten.

Die Küche, das Reich der Oma, ist blitzsauber. Wir setzen uns an den Tisch, und ich bekomme herrliche, dünne Kekse aus Pont-Aven vorgesetzt, die mich ein bißchen mit diesem Ort versöhnen. An der Wand hängt eine Bleistiftzeichnung, die die Enkelin von ihren Großeltern gemacht hat.

Ich gebe zu, daß ich vom Thema besessen bin, aber ich will auch von ihnen wissen, welche Erinnerungen sie an die Deutschen haben. Sein Pferd hieß Éclair, sagt Großvater Le Goulven. Wenn er auf bretonisch *»Hü Éclair!«* rief, klang es wie *»Hey Éclair!«*. Die Nachbarn dachten immer, er rufe »Heil Hitler!«.

»Mich haben sie nicht gestört«, sagt die Oma. Und der Opa ergänzt: »Wie die Bienen, solange man sie nicht geärgert hat.«

Die Oma erzählt sehr lebhaft, es ist alles noch wach in ihr. Ihr Mann hört ihr natürlich nach so langen Jahren nicht mehr richtig zu und unterbricht das Gespräch immer wieder, wenn ihm etwas in den Sinn kommt.

Manchmal sorgt er sich auch nur um mein leeres Glas: *»Tu mets une goutte?«* Es ist früher Vormittag, aber ich kann das Eau de vie vom Cidre nicht abschlagen. Ich probiere wieder diesen Trinkspruch, den man mir hier einmal beigebracht hat: *»Encore un, que les boches n'auront pas!«* (Noch einer, den die Deutschen nicht bekommen werden.)

Die Oma erzählt, wie die Deutschen immer Verpflegung holen kamen. Normalerweise lief es reibungslos, sie bezahlten gut. Aber dann gab es den 14. Juli 1944, sie war zu der Zeit siebzehn Jahre alt. In der Gegend waren Fallschirme mit Material runtergekommen, das war nichts Ungewöhnliches, mancher hatte schon einen ganzen Sender in seinem Kartoffelfeld gefunden. Auf ihrem Bauernhof arbeitete ein Knecht, von dem bekannt war, daß er zum Widerstand gehörte. Er kam zur Arbeit und versteckte sich bei Kontrollen. Die Deutschen hatten von den Fallschirmen erfahren und suchten nach sogenannten Terroristen. Um neun Uhr früh krempelte der erste Trupp den Hof um. Sie mußte am Kamin stehen und durfte sich nicht rühren. Zum Glück hatte der Knecht seine Arbeitsschuhe *hinter* den Ofen gestellt. Wenn sie sie entdeckt hätten, hätten sie das Haus angezündet. Sie konnte nicht sagen, wo er war, sie wußte es gar nicht. »Sie lügen, ohne rot zu werden«, hätte der deutsche Offizier zu ihr gesagt, aber wie hätte sie rot werden sollen, sie war ja weiß vor Angst.

Auf dem Rückweg entschuldigt sich Herr Le Goulven, seine Eltern seien einfache Leute, sie könnten sich vielleicht nicht immer so korrekt ausdrücken. Sein Großvater war bei Ypern unter den 6000 *fusiliers marins*, die die Übermacht der Deutschen aufgehalten haben. Er hätte ihm einmal weinend vom Krieg zwischen 1914 und 1918 erzählt, seinen Kindern dagegen nie. Als müsse man immer eine Generation überspringen, das hätte sicher was mit Freud zu tun.

Diese Familie ist ein Musterbeispiel für die rasante schnelle Entwicklung, die das Land genommen hat. Die bäuerlichen, in den Traditionen und ihrer Arbeit verwurzelten Großeltern, deren Muttersprache Bretonisch ist. Die zweisprachig aufgewachsenen, auf ihre Bildung stolzen, im Grunde aber kulturell und geschmacklich entwurzelten Kinder, die sich für das schlechte Französisch ihrer Eltern schämen. Und die Enkel, die meist nur noch Französisch können, das Land verlassen, um zu studieren, und die sich irgendwann wieder für die Geschichte ihrer Großeltern und deren Sprache zu interessieren beginnen. Genau so war es bei Armel.

Armel

Armels Vater war Englischlehrer in ihrer Heimatstadt. Deshalb mußte sie als eine der wenigen am fakultativen Bretonischunterricht teilnehmen, obwohl sie in der Zeit lieber mit den anderen Kindern gespielt hätte. Sie wußte nicht, wozu sie diese Sprache lernen sollte, die ihr komplizierter als Latein vorkam. Man konnte doch inzwischen mit jedem Französisch reden.

In ihrer Gegend war nicht viel los. Einmal in der Woche ging sie in die Diskothek »L'éclipse« und betrank sich mit den anderen. Mit achtzehn Jahren zog sie nach Brest, um dort Germanistik und Romanistik zu studieren. Sie jobbte bei einer Lokalzeitung und war für die Bildunterschriften zuständig. Unter das Bild von einem Chor dicker Frauen schrieb sie: »DIE ROSEN VON OUESSANT INTONIEREN DIE INSELHYMNE.« Unter das Bild von einem hockenden Boule-Spieler schrieb sie: »DAS WERFEN DER KUGEL VERLANGT KONZENTRATION.«

Später durfte sie kleine Meldungen schreiben, wie: »DIE VOLLVERSAMMLUNG DER JAGDFREUNDE HAT LANGE ÜBER DIE FINANZIELLE LAGE DES VEREINS DEBATTIERT.« Sie hatte sich die Arbeit einer Journalistin aufregender vorgestellt. Deshalb war sie glücklich, als sie ein Erasmus-Stipendium für Berlin bekam, wo sie sich prompt verliebte. Ein paar Jahre lang ging sie noch davon aus zurückzukehren, aber dann war Berlin stärker, sie bekam sogar ein Kind. Ihr Vater war sehr erstaunt, daß sie es »Yannig« nannte, die bretonische Form von »Petit Jean«. Sie schrieb sich sogar für Keltologie ein, denn jetzt, wo sie so weit von zu Hause war, identifizierte sie sich plötzlich mit ihren Vorfahren.

Einmal im Jahr kommt sie ihre Eltern besuchen, meist im Sommer, wenn in ihrer Heimatstadt der große Flohmarkt zugunsten der staatlichen Schule stattfindet. Sie geht dann über den Markt und wundert sich, weil jedesmal Reste ihres alten Spielzeugs auftauchen. Mal ist es eine Rassel, mal ein Handwagen. Sogar ihre Sammlung von Tierbüchern findet sie wieder: *Lulu la Tortue, Maud la Taupe, Amélie la Souris.* Irgendwann hatte sie die Bücher verkauft, das war doch eine alberne Serie, fehlte nur noch *Georges le Soutien-gorge.*

Sie blättert in einem der Bände *Margot l'Escargot.* In der Geschichte geht es um eine Schnecke, die sich auf eine lange Reise macht, die sie bis zum Strand führt, wo sie sich mit den Muscheln anfreundet. Eigentlich ist sie dort glücklich, aber: »Eines Tages wollte Margot nach Hause. Ich glaube fast, daß ihr ihre Eltern fehlten.«

Manche ihrer Sachen wurden inzwischen von anderen Kindern angeboten, die auch nicht mehr damit spielen wollten. Ihre Kindheit war in diesen Kreislauf der Dinge aufgegangen, in dem es nicht um Werte ging, sondern um die Freude am Tausch. Manche wollten ja ihre Angebote eigentlich gar nicht hergeben, weil sie zu sehr daran hingen.

Das Zusammenleben mit ihren Eltern fiel ihr schwer. Ihr Vater hatte früher, um sie zum Lernen zu bewegen, an alle Gegenstände im Haus kleine Zettel mit englischen Bezeichnungen gehängt. Am Klo stand immer noch »the loo« und am Kühlschrank »the fridge«.

Seit sie nicht mehr im Haus war, hatte ihr Vater, der ein begeisterter Zeitungsleser und Archivist war, immer neue Dossiers angefertigt. Zu jedem Ort, in dem sie gelebt hatte, waren Informationen gesammelt worden. Die Dossiers lagerten im Keller, der wie ein Museum ihrer noch jungen Jahre wirkte. Lauter Kisten mit Zeitungsausschnitten zu ihren Interessen und den Lebensstationen.

Wenn sie sich dann irgendwann doch streiten, geht sie, um sich zu trösten, in die einzige annehmbare Kneipe, die »Celtic Bar« am Marktplatz. Seit zwanzig Jahren hängt davor ein vergilbtes Plakat für ein »Festival der Lederbekleidung«, das irgendwann im Nachbarort stattgefunden haben muß.

Sie ißt eine Pizza und trinkt Cidre. Die Bar hat nur Stehklos mit einer uralten Spülung, die sie noch von früher kennt. Wenn man nicht will, daß einem die Bescherung auf die Schuhe spritzt, muß man schnell wegspringen. Vielleicht ist es das, was sie Heimat nennen sollte: solche Dinge zu wissen.

Inselleben

Ein paar Kreisverkehre, und ich habe Brest verlassen und fahre durch flaches, karges Land Richtung Norden. Man meint, die Präsenz des Meeres zu spüren, obwohl man es noch nicht sieht. Jeder Ort hat im Zentrum eine graue Granitkirche, durch deren Turm der Wind pfeift. Es gibt kaum Bäume, der Himmel ist weit. Sand liegt am Straßenrand. Ich überquere zwei *abers*, nach denen die Gegend benannt ist »Pays des Abers«. Es sind Mündungstrichter versunkener Täler, denn die Bretagne war einmal ein Gebirge. Bei Flut füllen sie sich mit Wasser, der Tidenhub erreicht stellenweise über zehn Meter. Bei Ebbe bleibt brauner Schlamm zurück.

Über dem Aber-Wrac'h thront am Rand der Straße ein kleiner Bunker in strategisch günstiger Position. Ich habe es eilig, nach Roscoff zu kommen, die letzte Fähre geht um 19 Uhr. Roscoff ist berühmt für seine roten Zwiebeln. Im 19. Jahrhundert war ein Bauer auf die Idee gekommen, mit seiner Ernte nach England überzusetzen und sie dort an den Mann zu bringen. Die Unternehmung war so erfolgreich, daß er viele Nachahmer fand, die die zum Teil siebzigstündige Fahrt auf sich nahmen.

Schon weit vor der Stadt werben Schilder: »WINE CENTER, ENGLISH STAFF«. In Roscoff halte ich nicht auf dem Parkplatz *longue durée*, sondern direkt am Kai. Ich packe meinen Rucksack und lasse mein Auto zurück.

Woher dieses eigenartige Bedürfnis kommt, auf einer Insel zu übernachten, weiß ich nicht. Als würde man erst, wenn man nicht mehr weglaufen kann, wirklich zu sich kommen. Vielleicht habe ich mich auch von Büchern wie Robinson Crusoe anstecken lassen. Warum er zurück zu den Menschen wollte, konnte ich nie verstehen, er hatte doch alles. Zuletzt hat mir ein schmaler Band von Éric Orsenna Appetit gemacht: *Deux étés (Inselsommer)*. Ein Übersetzer zieht sich auf eine bretonische Insel zurück, um *Ada* zu übersetzen, das komplexe Spätwerk von Nabokov. Er muß sich beeilen, weil der Verlag das Buch braucht, für den Fall, daß Nabokov den Nobelpreis bekommt, für den er jedes Jahr aufs neue nominiert ist. Aber die Inselexistenz nimmt ihm seine Energie, er macht einfach nichts mehr. Es wäre auch absurd, auf so einer Insel zu arbeiten, daran sind schon ganz andere gescheitert. Alle, die mit halbfertigen Doktorarbeiten unterm Arm von der Fähre steigen und die Manuskripte am Ende nur noch zum Abdichten des Hühnerstalls benutzen.

Als es ernst wird und der Verlag Abgesandte schickt, helfen die Inselbewohner dem Übersetzer aus, und jeder übernimmt ein paar Seiten von Nabokovs Text. Das Buch, in dem es um die erotische Ausstrahlung einer Minderjährigen geht, bringt die prüde Bevölkerung in Wallung. Der Priester sieht den Weltuntergang kommen.

Orsenna, heißt es, wohnt auf der mondänen Île de Bréhat. Mitterand habe ihn einmal mit seinem Privathubschrauber besucht. Die Nähe, die die Mächtigen in Frankreich zu ihren Intellektuellen suchen, ist legendär. Dabei ist das doch eher eine Angstvorstellung: Da bricht man alle Brücken ab und zieht sich auf eine einsame Insel zurück, und dann landet der Präsident mit seinem Hubschrauber bei einem im Garten.

Von Roscoff führt ein Landungssteg bis fast zur Île de Batz, den man bei Ebbe benutzt. Aber heute ist Flut. Fischerboote folgen uns. Ein Kran lädt Tang von einem Schiff am Kai. Die Fähre schwankt auf den Wellen, Thomas Mann hat das Unwürdige dieses Zustands beschrieben: »Unausbleiblich der Nervenchoc der ersten Stunden nach Vertauschung der gewohnten stabilen Grundlage mit einer labilen. Es hat etwas Unglaubwürdiges, eine unter einem wogende, zerweicht sich hebende und wegsinkende Treppe hinunterzugehen: man faßt an den schwindelnd protestierenden Kopf und möchte es einen schlechten Scherz nennen.« Ich gehe die »zerweicht sich hebende und wegsinkende Treppe« hinauf zum offenen Deck und nehme auf einem der blauen Plastikstühle Platz. Ein Mädchen fotografiert die Wellen. Die anderen sind Einheimische, sie warten die Überfahrt geduldig ab.

Im Hafen von Batz stehe ich schnell allein da, abends um halb acht, auf einer menschenleeren Insel. Aber die Schilder weisen mir auch hier den Weg. Und tatsächlich sitzt jemand in der Empfangsbaracke der Jugendherberge, als hätte er auf mich gewartet.

Im Gemeinschaftsschlafsaal habe ich zwanzig Betten zur Auswahl. Wie schrecklich, wenn sie belegt sind und alle gleichzeitig schnarchen! Einer der anderen Gäste kommt herauf und guckt mich seltsam fragend an. Aber dann stottert er, ob ich Feuer hätte. Es war ihm nur schwergefallen, das erste Wort herauszubringen.

Ich stecke eine Flasche Wein ein und gehe zum Strand. An der Nordseite hat die Insel zahlreiche weiße Buchten. Wolken von Sandflöhen wandern über den Strand. Dieses zarte Grün des Dünengrases! Ich sitze eine Weile und warte auf tiefe Empfindungen und Erkenntnisse angesichts der Erhabenheit der Natur. Für den Fall, daß sie sich nicht einstellen, habe ich ja zum Glück den Wein.

Auch diesmal gelingt es mir nicht, mich am Meer satt zu sehen. Oben folge ich einem Pfad, der direkt an der Küste entlangführt, an den Höfen von Gemüsebauern vorbei. Die Felder sind ordentlich abgezirkelt. Fette Zwiebeln, Möhren, Kartoffeln. Île de Batz soll eine der letzten Inseln sein, auf denen noch Landwirtschaft betrieben wird. Das Klima ist dank des Golfstroms mild, es gibt kaum einmal Frost. Der Abend bringt die Farben zum Leuchten. Ein Junge rattert auf seinem Moped durch die engen Straßen am Hafen. Nach einer Weile ist er schon wieder da, er hat nicht viel Auslauf. Die Post, die Restaurants und alle Geschäfte sind zu.

Ich drücke mich an die Mauer, weil ein riesiger Traktor vorbeituckert, der fast die ganze Breite des Wegs einnimmt. Am Lenker sitzt ein kleiner Junge. Zurück an der Herberge setze ich mich mit Wein und Apfelkeksen nach draußen und lese *Le cheval d'orgueil* von Pierre-Jakez Hélias, bis mir die Augen von der Dunkelheit weh tun. Dieser Roman ist eine Art Archiv der untergegangenen, ländlichen Alltagswelt des Bigoudenlandes. Er beginnt mit Gruselgeschichten, die den Kindern erzählt wurden. Der Mann mit den Mohrrübenhänden, der sich von hinten heranschleicht und einem den Verstand raubt. Ich frage mich, ob ich ihm vielleicht schon begegnet bin, ohne es zu merken.

Morgens jogge ich einmal um die Insel. Die Luft ist mild. Die schönen, stämmigen Pferde, die den Horizont vervollkommnen und darauf zu warten scheinen, daß ein Grashalm wächst. Manchmal höre ich das Piepen von einem der kleinen Vögel, die hier leben und nur leise und schüchtern singen, als sei es nicht der Mühe wert.

Ein Trampelpfad führt um die ganze Insel. Ich orientiere mich am Leuchtturm und am Kirchturm. Diese Kirchtürme waren nicht nur zur Orientierung der Seele da, sondern sie waren auch wichtige Wegzeichen für die Schiffahrt. Manchmal spritzt die Gischt bis zu mir hoch. Ein verrostetes Wrack liegt zwischen den Klippen, wie der Brustkorb eines ertrunkenen Tiers. Weiter draußen wüten die Wellen. Steinblöcke stehen in der Brandung, so ordentlich aufeinandergetürmt, als hätten die Menschen Hand angelegt. Die Bauern ernten Kartoffeln. Einer fährt mit dem Trecker vorweg und hebt die Reihen um, dahinter geht die Familie gebückt und sammelt auf. Dann überhole ich einen alten Mann mit krummen, kurzen Beinen. Er ruft mir hinterher: *»Vite, vite, vite, vite! Haha!!«* Nette Menschen, aber sie standen wohl nicht zu Unrecht im Ruf, sich früher an Schiffbrüchigen bereichert zu haben. Und nicht nur das, die Einwohner von Penmarc'h sollen mit Vorliebe abends in ihrer großen Kirche gebetet haben, wobei diese hell erleuchtet war und die irrenden Schiffer fremder Nationen in die Klippen lockte. Anderswo band man Kühen Laternen an den Schweif, um die Kapitäne zu verwirren. Wenn man den Ertrunkenen ihre Eheringe nicht abziehen konnte, soll man sogar soweit gegangen sein, ihnen den Finger abzutrennen.

Bis zur Abfahrt ist noch Zeit. Ich knipse ein Haus, dessen ganzer Garten vollsteht mit Blumentöpfen und lackierten Pflügen. Vielleicht gehört es wenigstens keinem Bretonen, sondern einem der Städter, die schwitzend in ihren Vorgärten werkeln und sich zum Grüßen mühsam aufrichten. Andere machen eine Pause und stützen sich dabei auf ihren Spaten. Einer reißt pfeifend Butterblumen aus dem Rasen. Sie wirken nicht wie Ureinwohner, eher wie Beamte in Jeans. Wenn ich ihre angestrengten Gesichter richtig deute, dann scheinen sie sich zu fragen, ob sie sich nicht zu viel vorgenommen haben mit diesem Sommerhaus in der Bretagne.

Brezhoneg

Inzwischen habe ich so viel über das Bretonische gelesen, daß ich den Eindruck nicht loswerde, mehr davon zu verstehen als die Bretonen. Tatsächlich hört man gerade von ihnen abenteuerliche Vorurteile über ihre eigene Sprache. Die jahrhundertelange Diffamierung des Bretonischen als *patois* hat ihre Spuren hinterlassen. Als *patois* wurde alles bezeichnet, was von der französischen Hochsprache abwich. Gemeint war damit eine »Sprache ohne Grammatik«, was ein Irrsinn ist, weil es natürlich keine Sprache ohne Grammatik gibt.

Unerklärlich, mit welcher Verachtung sich gerade Großschriftsteller wie Victor Hugo über das Bretonische geäußert haben. Und ein Widerspruch in sich, denn diese Sprache hat unstrittig mehr als das Französische mit den Galliern zu tun, auf die sich die französische Nation ja als Vorfahren beruft.

Einem beliebten Vorurteil nach ist das Bretonische eine schwere Sprache. Aber die Franzosen sind nicht zu Unrecht als Sprachmuffel bekannt, eine Konsequenz ihres erheblichen kulturellen Selbstbewußtseins. Für sie ist prinzipiell jede Sprache schwer und eine nicht-romanische eine Zumutung. Deutsch lernen an der Schule nur die mathematisch begabten Kinder, die auch mit Latein klarkommen. Und deshalb heißt es vom Bretonischen, es sei so schwer wie das Deutsche. Der Glaube, es habe zudem etwas mit dem Deutschen zu tun, gründet sich eigentlich nur auf drei Eigenarten des Bretonischen: der Existenz des behauchten Velars »c'h«; der Homophonie von bretonisch »Ya« und deutsch »Ja«; dem starken Wortakzent, in der Regel auf der vorletzten Silbe.

Natürlich ist das Bretonische nicht näher mit dem Deutschen verwandt als das Französische, denn alle drei sind indogermanische Sprachen. Bretonisch gehört zur Familie der keltischen Sprachen, wie Gälisch, Walisisch und Schottisch. Alle diese Sprachen sind vom Aussterben bedroht, am besten steht noch das Walisische da.

Die Gallier haben ihre Sprache zugunsten des Lateinischen aufgegeben, der Sprache ihrer Eroberer. Man erklärt das mit dem höheren kulturellen Prestige Roms, der Vorgang ist sicher vergleichbar mit dem Siegeszug, den das Englische heute erlebt. Der umgekehrte Vorgang vollzog sich, als das Land (das heißt das Gebiet nördlich der Loire, die sogenannte Langue d'oil) von den Franken erobert wurde, denn die Franken haben, obwohl sie die Eroberer waren, ihre Sprache aufgegeben. Das heutige Französisch ist also im Grunde das schlechte Latein der römischen Soldaten und unteren Klassen, falsch ausgesprochen von den Franken.

Vom fünften bis siebten Jahrhundert kamen die Vorfahren der Bretonen aus Britannien, von wo sie vor den Schotten und Angelsachsen flohen. Ob sie die Nachfahren der Gallier auf dem bretonischen Territorium noch verstanden haben, oder ob sie ihre Sprache mitgebracht haben, ist in der Wissenschaft umstritten.

Die französische Zentralmacht hat die Sprache früh als machtpolitisches Instrument begriffen. Systematisch wurde dieses Bestreben mit der Französischen Revolution. Das Ziel war schlicht, alle *patois*, unter ihnen das Bretonische, auszurotten. Frankreich hatte immer ein neurotisches Verhältnis zur Vielfalt seiner Minderheiten und Regionen. Dabei ist diese beträchtlich, mit dem Korsischen, Flämischen, Elsässischen, Baskischen, Bretonischen und vor allem Okzitanischen, der Sprache des Langue d'oc, die immerhin einmal *die* Kultursprache des Mittelalters war. Verschiedene Identitäten wurden aber von Paris kaum je als Reichtum verstanden. Deshalb stehen heute gerade Grenzregionen wie das Pays basque und das katalanischsprachige Gebiet um Perpignan der europäischen Einigung positiv gegenüber.

Dem Ziel einer umfassenden Verbreitung des Französischen kam man erst mit der Einführung der allgemeinen Schulpflicht im 19. Jahrhundert näher. Damit waren die Tage der Minderheitensprachen gezählt. Heute kämpfen Aktivisten für das Überleben des Bretonischen, aber seine Zeit als Erstsprache ist abgelaufen. Die Gründe dafür sind vielfältig, so richtig erklärt aber auch die staatliche Repression nicht, warum eine Sprache 2000 Jahre überlebt und dann in wenigen Generationen ausstirbt. Im Fall des Katalanischen war ja gerade der staatliche Druck ein Grund für die Renaissance der Sprache. Aber sie war auch immer die Sprache des Bürgertums und des Fortschritts, während das Bretonische selbst für die Bretonen als Sprache der Armut und Rückständigkeit galt.

Bis zum Ersten Weltkrieg war die Mehrzahl der Bretonen einsprachig (rund 90 Prozent). Beim Militär gerieten die jungen Männer erstmals massenhaft in ein Milieu, in dem sie nichts verstanden und nicht verstanden wurden. Sie wurden benachteiligt und mit den Soldaten aus den afrikanischen Kolonien in den ersten Reihen verheizt. Im Ersten Weltkrieg kam in der Bretagne auf vierzehn Einwohner ein Gefallener, im übrigen Frankreich auf achtundzwanzig Einwohner.

Dazu kam die rigide französische Sprachpolitik, die das Bretonische verbot und ächtete. In manchen Regionen, vor allem im Léon, sollen die Leute davon so traumatisiert sein, daß sie auch heute nicht über ihre Sprache reden wollen. Es ist in der Tat kaum möglich, in der Bretagne eine bretonische Konversation zu belauschen, da die Bretonen sofort ins Französische wechseln, sobald jemand in der Runde die Sprache nicht versteht.

Nach dem Zweiten Weltkrieg hat die junge Generation sich massiv für das Französische als Sprache des Fortschritts und des Wohlstands entschieden und mit ihren Kindern nur noch Französisch gesprochen. Wobei die Eltern durchaus Probleme mit der französischen Grammatik hatten. Diese massenhaft getroffene Entscheidung hatte gar nicht unbedingt etwas mit Zwang zu tun, auch wenn die Aktivisten das nicht wahrhaben wollen. Es war einfach schick geworden, sich an Paris zu orientieren. Das Bretonische galt als die Sprache der Alten, die sich damit an ihre Schweine und ihr Vieh richteten. Später, vor allem nach 1968, gab es eine Rückbesinnung und Initiativen zur Rettung der Sprache. Aber wenn die Kontinuität innerhalb der Familien nicht mehr besteht, kann man mit Förderprogrammen nicht viel erreichen. Zumal der französische Staat sich nach wie vor dem Reichtum seiner Minderheitensprachen verweigert.

Katell

Katell hatte als Jugendliche keinen Sinn für die Vergangenheit. Das Thema war ihr verleidet, weil ihre Mutter ein »Antikgeschäft« betrieb, das von kitschigem, altem Plunder überquoll. Kein Wunder, daß sie sich nie fürs Bretonische interessiert hatte, das ihr ungefähr so attraktiv wie die uralte Spitzenwäsche erschien, die sie als Kind hatte anziehen müssen.

Nur ihre Großmutter war ihr heilig. Deren Mann, ein Fischer, hatte sich im Zweiten Weltkrieg de Gaulles *France libre* angeschlossen. Er war ohne große Verabschiedung nach England gesegelt, und sie blieb drei Jahre ohne Nachricht von ihm. Um ihre Kinder und sich durchzubringen, sammelte sie Quecken auf den Dünen, die von den arbeitslosen Fischern, die wegen der Benzinknappheit nicht aufs Meer konnten, zu Bürsten verarbeitet wurden. Sie fuhr mit dem Fahrrad über die Dörfer und verkaufte diese Bürsten. Später verdiente sie Geld mit Bausand, den sie mit einem Pferdewagen vom Strand holte. Ihren Mann sah sie nie wieder, er starb vor Marokko, bei einem Gefecht zwischen Franzosen beider Kriegsparteien.

Katells Schlüsselerlebnis wurde ein Praktikum in der Neurologie eines Krankenhauses. Dort gab es über Siebzigjährige, die im Alter wieder in ihre Muttersprache verfielen. Manche waren in die Psychiatrie eingewiesen worden, weil niemand ihr vermeintliches Kauderwelsch einzuordnen wußte.

Als sie selbst Bretonisch lernte, versuchte sie von Anfang an, den Akzent der Großmutter nachzuahmen. Sie schrieb sich für ein Bretonischstudium an der Universität ein. Für eine der Übungen machte sie Sprachaufnahmen. Sie befaßte sich mit dem Dialekt ihrer Großmutter und konnte sie plötzlich verstehen. Ihre Großmutter war so gerührt, daß sie ihr ihre uralte Ausgabe des *Buez ar sent* schenkte, eine Sammlung von Heiligenviten. Eines der wenigen Bücher, die in der Bretagne verbreitet waren. Weil oft nur einer im Dorf lesen konnte, kam man jeden Abend zusammen und ließ sich eine Geschichte daraus vorlesen.

Katell sieht aus wie eine Bilderbuchkeltin, rotblonde Haare, helle Haut, Sommersprossen. Ihren Mann, einen Violinisten, hat sie über die Musik kennengelernt. Beide interessieren sich für die Romakulturen in Osteuropa.

Die Überlebenschancen des Bretonischen schätzt sie als schlecht ein. In dreißig Jahren werde es ausgestorben sein. Sie will ihre Kinder nicht zwingen, es zu lernen, sie möchte nicht, daß sie sich einmal wie die letzten Mohikaner fühlen. Die richtige Aussprache lerne leider sowieso kaum noch jemand. Das klinge alles nicht mehr so schön wie die Sprache der Alten. Aber auch wenn das Überleben der Sprache bedroht sei, gebe es für die Wissenschaft viel zu tun. Man könne viel aus der Untersuchung der Dialekte lernen. Es gibt ja keine schriftlichen Zeugnisse des Gallischen, deshalb ist es schwierig, über die Frage zu forschen, ob es eine Kontinuität zum Bretonischen der Einwanderer aus dem fünften und sechsten Jahrhundert gab oder nicht. Interessant ist in diesem Punkt der Wortakzent. Nur im Vannetais, dem Dialekt aus der Gegend um Vannes, liege er am Ende des Worts. Das sei eine Eigenheit des Gallischen und spreche für die Kontinuitätsthese.

So, wie sie selbst begonnen hat, schickt sie inzwischen auch ihre Studenten zur Feldforschung, Sprachaufnahmen machen. Immer wieder geschieht es, daß sie plötzlich in der Lage sind, mit ihren Großeltern in deren Muttersprache zu kommunizieren. Von so einem Erlebnis sei jeder tief berührt.

Sie ärgert sich, daß so viel Geld für *trucs à la con*, wie die zweisprachige Beschriftung der Verkehrsschilder, ausgegeben werde. Sie hätte lieber Geld für Benzin, Reisemittel, Material, Aufnahmegeräte.

Katells Großmutter gehört noch zu einer Generation von Bretonen, die am Telefon automatisch ins Französische wechseln, weil sie sich nicht vorstellen können, daß man auf Bretonisch so etwas Modernes, wie telefonieren, tun könne. Sie erinnert sich noch an das erste Fahrrad im Dorf, das dem Förster vom Schloß gehörte, sie hatten gar kein Wort dafür. Erst als Anfang der Siebziger im Fernsehen eine Minute pro Woche Bretonisch gesendet wurde, merkten sie, daß diese Sprache auch für die moderne Welt geeignet ist. Katell besucht sie regelmäßig und sitzt mit ihr vor dem Fernseher. Allerdings sehen sie immer denselben Sender, weil ihre Großmutter eine persönliche Beziehung zu der Ansagerin aufgebaut hat und Angst hat, sie zu kränken, wenn sie umschaltet. Auf dem Fernseher muß immer eine Vase mit frischen Blumen stehen.

Le Tracteur d'Orgueil

»Seit eh und je haben die Fischersfrauen in den kleinen, durch Steinmäuerchen oder Hecken abgegrenzten Weiden ihre Ziegen und Kühe untergebracht und schreiten ihnen strümpfestrickend auf den Wegen voran.«
(Reiseführer)

Das »Vauban« in Brest heißt nach dem genialen Festungsarchitekten Ludwigs des XIV. Manche Brester nennen es aber auch *le veau bande*, was besser nicht übersetzt werden soll. Es ist ein Hotel mit Restaurant, Bar und einer Bühne im Keller, auf der Konzerte und Filmvorführungen stattfinden. Die *Cinématèque de la Bretagne* zeigt regelmäßig Dokumente aus ihrem Archiv für private Filmaufnahmen. Heute hat *Le Tracteur d'Orgueuil* Premiere. Der Titel dieses Dokumentarfilms hat mich neugierig gemacht, eine Anspielung auf *Le Cheval d'Orgueil*, den Roman von Pierre-Jakez Hélias.

An den roten Wänden des Saals hängen Bilder von Liz Taylor und Marlon Brando. Die Beleuchtung ist schummrig, es gibt eine Diskokugel, zur Bühne hin führt eine Treppe hinab, auf der man wie in einem Amphitheater sitzt. Als Vorfilm laufen Super-8-Aufnahmen, die die Cinémathèque gerade erworben hat. Ein Einwohner von Relecq-Keroan, dem Nachbarort von Brest, hat in den fünfziger Jahren das Alltagsleben seiner Stadt gefilmt. Seine Frau kommentiert die Aufnahmen ihres verstorbenen Mannes, die sie beim Aufräumen gefunden hat. Zur Seite steht ihr ein Lokalhistoriker und Ortskenner, der an einem Buch über Relecq-Keroan arbeitet und offenbar alles weiß. Wir tauchen ins Jahr 1952, der Bierhändler und Besitzer des Fußballklubs befördert die Zuschauer auf seinen Bierkutschen zu den Heimspielen. Alle kommen in Anzug und weißem Hemd. Wer ins Bild tritt, ziert sich ein bißchen, winkt scheu oder dreht sich zur Seite. Seltsam, diese über Jahrzehnte konservierte Scham, deren Zeuge wir jetzt werden. Man sieht den Start der Tour de France in Brest, eine Schrifttafel verkündet: *»VOICI, LES COUREURS«*. Man bekommt eine Ahnung von der Nähe zum Volk, die diese Sportveranstaltung hatte. Der Ortskenner erzählt, daß er als Junge aus der Schule abgehauen ist, um Autogramme eines bestimmten Fahrers zu ergattern. Sie haben keine bekommen und mußten am nächsten Tag zur Strafe so lange nachsitzen, bis der Zug nach Relecq abgefahren war. Danach mußten sie die Strecke zu Fuß gehen.

Dieser Lokalhistoriker mit seiner Hornbrille und der komisch näselnden Stimme, der sich für alles interessiert, was mit seinem Ort zu tun hat, der alles weiß und überhaupt nicht mehr unterscheiden kann zwischen wichtig und unwichtig, gehört zu den für jede Provinz typischen Charakteren. Vor solchen Experten wird man gewarnt, denn sie sind wie Spinnen, die einen, wenn man Interesse an ihrem Wissen zeigt, nicht mehr aus ihrem Netz lassen.

Immer wieder höre ich aus dem Gespräch, das er in der Pause mit der Frau führt, die Worte: *»Les allemands ... les allemands ...«* heraus. Die Erinnerung an die Deutschen ist in dieser Generation allgegenwärtig. Zwei Résistance-Kämpfer seien von den Amerikanern hingerichtet worden, nachdem sie versucht hatten, Handgranaten ins Lager der deutschen Kriegsgefangenen zu werfen. Die Frau erzählt, daß die Deutschen sich wunderten, wie schnell sich ihr Kartoffelspeicher leerte. Das lag daran, daß sie ihnen die Kartoffeln aus einem angrenzenden Keller wegklauten.

Nach der Pause kommt der Hauptfilm, den zwei linkische junge Männer gedreht haben. Es ist eine Dokumentation über die Einführung des Traktors in der Bretagne. Die beiden hatten sich gefragt, was die Mechanisierung der Landwirtschaft für die Bauern eigentlich konkret bedeutet habe. Wir sehen Bildmaterial aus den fünfziger Jahren. Ein Treffen der J. A. C. (Katholische Landjugend), der Priester segnet den ersten Traktor mit Weihwasser. Die J. A. C. versuchte seit 1929, die Bauern christlich-moralisch zu unterstützen. Ihre Losung hieß *Sois fier, paysan* (Sei stolz, Bauer). Sie hat eine wichtige Rolle bei der Modernisierung der Bretagne gespielt. Die Regisseure befragen Bauern nach dieser Zeit. Einer holt das alte Pferdegeschirr vom Speicher, das seit damals dort verrottet.

Den Rahmen des Films bildet eine Treckershow, bei der die alten Kerle mit gelber Gitanes im Mundwinkel die historischen Traktoren besichtigen. Einer setzt sich auf den Traktor seiner Großeltern und bekommt ganz feuchte Augen. Ein Kleinbauer erklärt den Teufelskreis der Konkurrenz unter den Bauern. Es sei ein künstlich angeheizter Zyklus, daß man seinen Erfolg an der Größe des Treckers demonstrieren müsse. Er brauche das nicht. Er läßt die Ernte von Leiharbeitern erledigen. Jemand kommt, erntet mit seinen Maschinen das Maisfeld ab und ist in einer halben Stunde fertig.

Auf der Show preisen Vertreter der großen Firmen ihre neuen Entwicklungen an wie Haarwasser. Früher habe man für zwei Pferde einen Traktor bekommen, jetzt kosten sie 500 000 Francs. Der neue Trend sei die *agriculture de précision*, mit GPS und Bordcomputer. Das langfristige Ziel sei der führerlose Trecker. Angetrieben wird die Entwicklung von den großen Marken: Lamborghini, John Deer, Renault. Die Traktoren werden immer größer, mit Doppelrädern ziehen sie eine enorme Egge hinter sich her. In Amerika, wo man riesige Felder bewirtschaftet, können die Traktoren gar nicht groß genug sein.

Nach dem Krieg sei der Fortschritt gegen alle Widerstände durchgesetzt worden, genauso müsse es heute laufen. Der Traktor hat in kürzester Zeit das Pferd ersetzt. Heute sei es an der Zeit, den Computer einzuführen. Die Bauern sind allerdings skeptisch. Treckerfahren ist ja noch Handarbeit und macht Spaß. Aber so einen Bordcomputer zu programmieren und dann zuzusehen, wie die Maschine die Arbeit macht?

Mir fällt der alte Pflug ein, der zum Schmuck vor einer Jugendherberge stand. Er stammte noch von vor dem Ersten Weltkrieg. Eine unerhört komplizierte Konstruktion aus wenigstens hundert Einzelteilen. Gewinde, Griffe, Zahnräder, zwei drehbare Pflugscharen. Das Prinzip ließ sich nicht leicht durchschauen. Das Gebilde sah fragil aus, obwohl es aus Eisen war, aber so dünn und spinnenartig. Es war auch kein Gestaltungswillen zu erkennen, ein reines Zweckwerkzeug.

Später sah ich etwas Ähnliches im *Musée de la Résistance Bretonne*. Dort waren es Geschützlafetten aus dem Ersten Weltkrieg, die auf dieselbe Art altmodisch wirkten wie der Pflug. Was für eine anstrengende Hand- und Kopfarbeit es sein mußte, diese Geräte zu bedienen, das komplizierte Zusammenspiel von Zahnrädern, Gewinden und Hebeln zu verstehen! Das formschöne Metallgehäuse der amerikanischen Panzer aus dem Zweiten Weltkrieg war dagegen sichtlich designt.

Der Krieg war Handarbeit, wie die Landwirtschaft. Man muß gar kein Pazifist sein, um sich zu beglückwünschen, nichts mehr damit zu tun zu haben. Das technische Kauderwelsch aus deutschen Militaria-Publikationen, wie dem »Waffen-Arsenal«, das über die Stellungen des Atlantikwalls in der Bretagne schreibt, klingt heute schon wie der berühmte Star-Trek-Tech-

Talk: »Die 10,5 cm le. FH 18 war mit einer Spreizlafette aus genieteten Kastenholmen und großen Klappspornen ausgestattet. Anfänglich erhielten die Geschütze noch Holzspeichenräder mit Stahlfelgen, später Stahlgußspeichenräder mit Vollgummiauflage. Diese leicht zu bedienenden 10,5 cm le. FH 18 standen oftmals in Schartenbunkern vom Typ H611 und H612.«

Das häßlichste Gebäude der Welt

»Können Sie mir vielleicht sagen, wo es hier nach Lorient geht?«
»Wieso? 1940 habt ihr den Weg doch auch gewußt.«
Gespräch zwischen deutschem Touristen und bretonischem Bauern.

Im *Musée de la Résistance Bretonne* von St-Marcel kann man von einem Pilotensitz aus eine Simulation der Bombardierung von Lorient beobachten. Man nähert sich der Küste, hört englischsprachigen Funkverkehr und sieht kleine Explosionen, wenn die Bomben aufschlagen.

Vor allem die Städte, in denen die Deutschen ihre U-Boot-Basen hatten, sind von den Bomben zerstört worden. In den Kesseln von Lorient und St-Nazaire haben die Deutschen erst am 10. Mai 1945 kapituliert. Die Amerikaner haben sich nicht die Mühe gemacht, diese Städte zu erobern. Bis dahin kamen nur noch ein paar japanische U-Boote durch, um Medikamente und Chemikalien zu bringen. 95 Prozent der Gebäude von

Lorient haben die Bombardements nicht überstanden, nur die U-Boot-Basis und ironischerweise ein Menhir sollen überlebt haben.

Die Stadt, die der Sitz der königlichen Compagnie des Indes war (daher der Name: L'Orient), ist neu aufgebaut worden und gilt seither als häßlich. Aber das ist Ansichtssache. Neben all den Fachwerkschmuckkästchen hat die sachliche Fünfziger-Jahre-Architektur durchaus ihren Reiz. Außerdem paßt das dominierende Weiß zum Meer, und die Straßen sind breiter als in der Bretagne üblich.

Für die Tour des Calvaires wirbt jeder Reiseführer, aber eine Tour zu den gewaltigen U-Boot-Basen ist genauso lohnend. Denn diese Gebäude dürften auf der Welt so einzigartig sein wie die Calvaires.

Das erste Mal bildete ich mir noch etwas darauf ein, daß ich die Basis von Lorient heimlich von außen fotografierte und nicht erwischt wurde. Vielleicht liegt es an meiner Ost-Herkunft, daß ich immer Angst habe, zurückgepfiffen zu werden. Oder es ist die Erfahrung vieler Reisen nach Osteuropa, wo das tatsächlich geschieht. In Lorient hat sich zwar niemand an mir gestört, aber ich wäre trotzdem nicht einfach am Posten vorbeigefahren. Wo ein Posten steht, kommt man nicht durch, so dachte ich. Beim zweiten Mal klärte mich ein Anruf beim *Office de Tourisme* darüber auf, daß es nicht nur erlaubt war, die Basis zu fotografieren, sondern daß es sogar öffentliche Führungen gab. Als eingefleischter Alleinreisender, der sich auf sein Individualistentum etwas einbildet, habe ich lange gebraucht, um den Service der Touristenbüros ernstzunehmen.

Wenn man sich Lorient vom Westen nähert, fährt

man auf einer schmalen Asphaltstraße durch die Dünen, an endlosen Stränden entlang. Der Sand weht über die Straße. Bevor man sich verfahren kann, ist man schon am Hafen und sieht den massiven, grauen Betonblock der U-Boot-Basis. Es riecht sofort nach Fisch, man fährt durch den *port de pêche* mit Lagerhallen, Schiffen und Kränen. Frauen in Kitteln treten aus den Baracken und Werkhallen und rauchen eine Zigarette. Diesmal fahre ich am Posten, der mich gar nicht beachtet, vorbei bis zum dritten Block, ganz am Ende der kleinen Halbinsel.

Ich bin nicht der einzige, der sich für diesen monströsen Betonblock interessiert, der aussieht, als hätte man darunter ein Atomkraftwerk eingesargt. Wir sind ein Dutzend, ein paar Deutsche sind auch dabei. Unsere Führerin überschüttet uns mit Zahlen und Fakten. Die Halbinsel war früher ein beliebter Ausflugsort der Einwohner von Lorient. Bis 1997 war der Zutritt nicht möglich, dann ist die Basis von der Marine freigegeben worden. Jetzt steht sie leer, eine Sicherheitskommission sieht alle drei Monate nach dem Rechten. Es gibt fünf dieser Nibelungenburgen an der französischen Atlantikküste: in Brest, Lorient, St-Nazaire, La Rochelle und Bordeaux.

Innerhalb von kaum zwei Jahren wurden damals drei Millionen Kubikmeter Beton verbaut. 15 000 Arbeiter haben rund um die Uhr gearbeitet. Sogenannte *volontaires* standen vor der Wahl, hier zu arbeiten oder nach Deutschland geschickt zu werden. In den Blöcken I und II sind inzwischen Firmen angesiedelt, was mit Block III geschehen soll, weiß man noch nicht. Er steht auf sumpfigem Boden, bis zum Fels mußten fünfundzwanzig Meter Fundament ausgehöhlt werden. Für 350 000 Francs könne man die Basis kaufen, wenn man ein Konzept und Geld für den Unterhalt habe.

Es riecht nach Soja vom benachbarten Hafen. Ein alter Haudegen aus unserer Gruppe wird richtig lebendig: »Und noch dazu stinkt es, das Ding ist einfach scheußlich!« Er kann gar nicht verstehen, daß unsere junge Führerin sich mit so häßlichen Objekten abgibt: »Haben Sie keine Lust, zur Abwechslung mal was anderes zu machen? Kathedralen?« Hinter uns schließt sich eine automatische Tür. Eine Frau, die nicht zu uns gehört, weiß nicht, ob sie noch schnell durchschlüpfen soll. Der Alte scherzt: »Wir sitzen hier auch schon seit einer Woche fest!«

Vor der Einfahrt zu den Alveolen liegt ein verrostetes Wrack im Wasser, das die Deutschen dort postiert haben, um sich gegen Torpedos zu schützen, die aus der Luft abgeworfen wurden. Im Inneren des Blocks gibt es sieben Alveolen, in die insgesamt fünfzehn U-Boote gepaßt haben. Von den Booten war immer ein Drittel auf Mission, ein Drittel auf dem Rückweg und ein Drittel in der Überholung. Im Moment liegen nur im ersten Becken ein paar Boote des *Centre d'archéologie sousmarine*. An den Wänden stehen noch die Namen der französischen U-Boote: Agosta, Daphne, Narval.

1169 deutsche U-Boote sind gebaut worden. Um ihre triumphale Rückkehr vom Einsatz zu filmen, hätten sie die Besatzung nach der Heimkehr immer ein paar Tage zum Bräunen an die Strände von Quiberon geschickt. Im U-Boot gab es nur eine Dusche mit Salzwasser. Drei Missionen überlebten die Matrosen im Schnitt. 80 Prozent der Boote wurden versenkt, es gab 28 000 Tote.

Ich frage, ob manchmal ehemalige deutsche Soldaten zu den Führungen kommen. Ja, einmal sei zum Beispiel einer mit seinem Enkel hiergewesen. Er habe vor dem Betreten des Gebäudes ein paar Minuten gezögert, weil es ihn zu sehr mitnahm. Ein andermal kamen zwei junge Männer, die sich auffällig gut auskannten und offenbar Neo-Nazis waren, sie wußte nicht, wie sie sich verhalten sollte. Meist würden sich die Deutschen nicht zu erkennen geben, sie frage sich dann, ob sie sich schämen: *»Ils regardent leur pieds.«* Im Gästebuch lese sie dann manchmal einen Namen zusammen mit einer U-Boot-Nummer.

Mich interessiert, ob die Franzosen den Deutschen die Zerstörung der Stadt immer noch übelnehmen. Nein, denn das seien ja die Engländer gewesen. Churchill hätte bei der Konferenz von Casablanca dazu aufgefordert, diese Städte zu zerstören. 354 Piloten starben bei den Angriffen, mehr als von den 40 000 Einwohnern, die rechtzeitig evakuiert wurden. Die Alten würden scherzen, es wäre besser gewesen, die Deutschen hätten die Bomben geworfen, dann hätte es wenigstens Reparationen für den Wiederaufbau gegeben …

Der Beton ist so massiv, daß er stellenweise erst in den Achtzigern getrocknet ist. Als wir das obere Stockwerk betreten, stören wir ein Filmteam bei der Arbeit, das den Ort als Kulisse nutzt. Wir gehen durch einen langen Gang, eine der Kammern, die den Luftdruck der Explosionen ableiten sollten. Der Beton wurde aus Sand von den Stränden der Bretagne gewonnen. Der Sand mußte von Salz und Jod gereinigt werden. An einer Stelle der Decke ist eine Strebe weggesprengt. Man sieht Muscheln im Beton, ein Zeichen für Sabotage. Manche der Beteiligten hätten ihre Zuckerration in die Mischung getan, damit der Beton verdarb. Auf sieben Arbeiter der sogenannten Organisation Todt, einem Staat im Staat, der mit der Konstruktion des Atlantikwalls befaßt war, kam ein Aufpasser. Wie muß so eine monströse, bauliche und logistische Anstrengung auf die Bretagne gewirkt haben, die zu dieser Zeit noch ein rückständiges Agrarland war?

Auf dem Dach empfängt uns ein milder Wind. Man sieht bis zur Île de Groix, nach Quiberon und über die ganze Stadt. Wir bekommen die Villa gezeigt, die Admiral Dönitz für sich requiriert hatte.

Beim Verabschieden murmelt der Alte: »Das ist der häßlichste Ort, den ich je gesehen habe!«

Ich bleibe noch ein bißchen, weil mich interessiert, wie das Mädchen zu dieser Arbeit gekommen ist. Sie hat Geschichte studiert und wollte nicht Lehrerin werden oder im Staub der Archive enden. Ich will wissen, was sie später einmal arbeiten will. Sie antwortet ganz verwundert: »Die Basis *ist* meine Arbeit!« Sie will hier nicht mehr weg.

Weiter südlich, in St-Nazaire, bietet sich das gleiche Bild: eine komplett zerstörte und nüchtern wiederaufgebaute Stadt. Man fährt über einspurige, von Ampeln regulierte Brücken durchs Hafengelände. In der Werft liegt ein gewaltiger Ozeandampfer im Bau. Am Horizont sieht man die kilometerlange, elegant geschwungene Brücke über die Loire. Aber den Hafen dominiert eine dieser flachen Nibelungenburgen. Vierzehn Alveolen zähle ich. Diese Basis ist offenbar schon als Touristenattraktion entdeckt worden. Was soll man auch sonst damit anfangen? Daß man sie wirklich abreißen könnte, ist zu bezweifeln. Das *Office de Tourisme* von St-Nazaire liegt direkt am Fuß der Basis. Eine gewagte Autobrücke führt aufs Dach. Ich bin zu spät, die Souvenirläden in den Hallen haben schon zu. Nur ein paar jugendliche Skater klappern mit ihren Brettern. Ich folge auf gut Glück einer Metalltreppe und komme bis nach oben. Eine gewaltige Betonfläche, stellenweise ist das Dach zusätzlich durch massive Betonrippen abgesichert, so daß es von oben wie eine monströse Waffel aussehen muß.

Für wen wäre so ein Gebäude die ideale Wohnung? Einen Shakespeare-König? Oder Citizen Kane?

Die dritte Basis, die ich mir ansehe, liegt in Brest. Der Publizist Erich Kuby hat Ende der fünfziger Jahre einen Bericht über die letzten Kriegstage in dieser Stadt veröffentlicht, die er als Soldat miterlebt hat: »Nur noch rauchende Trümmer.« – »Wenn man den bösen Zungen glauben wollte, würde Brest die häßlichste Stadt der Welt sein«, liest er auf der wochenlangen Anreise in einem Reiseführer.

Über dem Hafen schwebten Fesselballone, gegen Tiefflieger. Auf den Straßen lagen Flugblätter, darunter grüne Passierscheine für Überläufer. »Der Major, der die meisten der unmenschlichen Anschläge an den Mauern von Brest unterschrieben hat, hieß Mensch.« In den Bunkern im Fels lebten zu Kriegsende über 30000 deutsche Soldaten. Landserhumor: Über dem Eingang zu einer Flakstellung hing ein Plakat: »NUR WECKEN BEI KRIEGSENDE UND GEHALTS-ZAHLUNG.« Einen Tag später war die Stellung weggebombt. Die Unteroffiziere im Bunker waren am Ende nur noch betrunken und spielten 17 und 4. Alles stank, weil es nicht ausreichend viele Klos gab. Im letzten Moment wurden Waffen und Benzin in die U-Boot-Bassins gekippt, um sie zu vernichten, das Benzin entzündete sich und achtzig Mann verbrannten. Abgeschnitten von den Informationen kursierten Gerüchte: daß sie nach Kanada gebracht würden, um dort weiterzukämpfen. Daß die Amerikaner sie gegen die Russen einsetzen würden. In einem Artikel der »Brester Abendpost« stand: »Man möchte doch nicht gedankenlos den Nachlaß eines Soldaten nach Hause schicken und damit das Andenken an den Toten belasten, sondern die Briefe der Johanna aussortieren, wenn die Witwe Rosa heißt.«

Die Festung war, wie der gesamte Atlantikwall, nur gegen einen Angriff von See gesichert, die Geschütze waren gar nicht schwenkbar. Aber natürlich kam von See nie ein Angriff, nicht mal aus der Ferne. Die Stadt wurde im September 1944 von Land aus eingenommen. Der befehlsführende deutsche General ließ sich noch mit ein paar Männern und seinem Hund zur *Pointe des Espagnols* übersetzen, wo er einen Tag später kapitulierte. 1954 hat er wegen Beleidigung gegen Erich Kuby prozessiert. Den Prozeß verlor er. Seltsam, daß jemand, der Befehle wie den folgenden herausgegeben hat, nicht einfach schweigt: »Tagesbefehl Ramckes in Brest: Die Soldaten sollten, wenn die letzte Patrone verschossen sei, dem Feind noch die leeren Patronenhülsen ins Gesicht werfen.«

Noch auf dem Weg in die Gefangenschaft lassen sich die Offiziere ihre Koffer von den Soldaten tragen. Die Franzosen bewerfen den Gefangenentransport nach Landerneau mit Steinen. Eine Frau trifft den amerikanischen Bewacher mit ihrem Pißpott. Er schießt ins Fenster, sie ist tot.

Das Essen im Lager ist besser als das deutsche. Die praktische Kleidung der Amerikaner und ihre lässige Haltung nehmen die Soldaten in kürzester Zeit für sie ein. Am meisten beeindrucken sie die amerikanischen Corned-Beef-Büchsen mit angelötetem Öffner. Mit solchen praktischen Details beginnt ein neuer Abschnitt in der deutschen Geschichte.

Heute gehört die Base Navale immer noch zum Arsenal. Die französischen Atom-U-Boote sind zwar auf der gegenüberliegenden Seite der Bucht, in Le Fret, stationiert, aber trotzdem herrscht diese typische militärische Atmosphäre von Geheimhaltung. Das Tor ist mit versenkbaren Fahrzeugsperren gesichert. Wir müssen am Eingang unsere Ausweise und Kameras abgeben. Ein Schweizer wird wieder weggeschickt, weil sein Land nicht zur EU gehört. »Nächstes Jahr vielleicht«, entschuldigt sich die Wache. »ZUTRITT GESTATTET FÜR DIE STAATSANGEHÖRIGEN DER MITGLIEDSSTAATEN DER EUROPÄISCHEN GEMAINSCHAFT UNTER VORWEIS EINES PERSONALAUSWEISES« steht am Eingang.

Dann betreten wir den riesigen Militärhafen, eine Stadt in der Stadt, mit Kino, Supermarkt, Buslinie, Post und Bank. Der Führer ist ein Hänfling in Jeans und Turnschuhen. Er redet schnell und verschluckt die Zahlen. Seine Kenntnisse bestehen auch nur aus Zahlen, ganz anders als bei dem Mädchen in Lorient. Der flaschenhalsartige Ausgang der Bucht, der sogenannte Goulet, ist 1400 Meter breit und mehrere Kilometer lang. Dieser Teil des Arsenals wurde dem Meer abgewonnen. Der Flugzeugträger Charles de Gaulle wurde hier gebaut. Das alte Arsenal in der Penfeld war zu klein für die Stahlschiffe geworden, die im 19. Jahrhundert die Segelschiffe ablösten. Frankreich hat die fünftgrößte Marine der Welt, nach den USA, Rußland, England und Japan. Fünf Milliarden Euro gibt es jährlich dafür aus, das sind 18 Prozent des Verteidigungshaushalts.

Wenn es keine Zahlen sind, sind es Abkürzungen. Das scheint weltweit so eine Militärmarotte zu sein, als müsse alles immer ganz schnell gehen, auch das Sprechen. Dabei ist das, was sie beim Militär in Wirklichkeit im Überfluß haben: Zeit.

Wir gehen am AMF vorbei, *Atélier militaire de la Flotte*. Am SLPA, *Service local de Psychologie appliquée*, der sich um die zurückgekehrten U-Boot-Besatzungen kümmert, und wo Bewerber einen psychologischen Test bestehen müssen, um auf den SNLE, *sous-marins nucléaires lanceurs engins*, eingesetzt zu werden. Am ALFOST, der Befehlszentrale, steht in Marmor eingelassen: *Honneur, Patrie, Valeur, Discipline*.

Die zehn französischen U-Boote sind alle atomangetrieben. Sie sind siebzig Tage auf Patrouille, dabei durchgehend und bis zu 300 Meter unter Wasser. Die Besatzungsmitglieder dürfen pro Woche eine Nachricht von vierzig Wörtern schicken, die allerdings zensiert wird. Es dürfen nur gute Nachrichten rausgehen. Gern gesehen sind Abkürzungen, wie *tvtb*: *tout va très bien*. Die Matrosen sind im Schnitt achtundzwanzig Jahre alt, alles Freiwillige. Jedes Boot hat eine *équipage bleue* und eine *équipage rouge*, die sich abwechseln. Das erste französische U-Boot hieß *Le Redoutable* (Die Furchtbare).

Dann kommen wir zum deutschen U-Boot-Bunker,

der von Januar 1941 bis Mai 1943 gebaut wurde. Die 10000 Arbeiter kamen aus Belgien, Italien, Griechenland, Rußland, Spanien. Er ist 18 Meter hoch, 300 Meter mal 175 Meter lang und besteht aus 500000 Kubikmetern Beton.

Innen umschließt einen wieder dieser kahle, graue, tropfende Beton. Wir begegnen Arbeitern im Blaumann und Uniformträgern. In der Mitte der Halle hat die Decke ein über zehn Meter großes Loch. Am 5. August 1944 haben die Engländer aus 8000 Metern Höhe fünfzig Sechs-Tonnen-Bomben abgeworfen, sogenannte *tall boys*. Neun davon haben die Basis getroffen und die sechs Meter dicke Stahlbetondecke durchbrochen. Man schaudert, wenn man sich die Wucht dieser Explosionen vorstellt. Die Wirkung sei aber nur psychologisch gewesen, weil sich zu dem Zeitpunkt nur noch ein nicht navigierbares U-Boot im Bunker befand. Viel effektiver seien die Minen gewesen, die vor die Ausgänge der Bunker geworfen wurden.

Wieder draußen, bekommen wir eine Einführung in die Schiffstypen der französischen Flotte. Die Lieblingsvokabel unseres Führers ist *très efficace* (sehr effektiv). Kubikmeter, Jahreszahlen, Größenangaben, Schußfrequenz, Geschützgeschwindigkeit, *très efficace*. Aber ich brauche die ganzen Zahlen und Daten gar nicht, um einzusehen, daß es eine schrecklich unübersichtliche und ermüdende Tätigkeit sein muß, auf diesen Schiffen Dienst zu leisten.

Als sich das Tor wieder hinter mir schließt, bin ich doch etwas bedrückt von so viel Militär. Ich gehe noch einmal außen an der Basis vorbei. Oberhalb des Geländes führt ein Weg zwischen Fels und Gitterzaun entlang.

Von einem Parkplatz aus fotografiere ich das Monstrum. Ich merke nicht gleich, daß ich Liebespaare störe, die sich in den parkenden Autos vergnügen. Ich gehe weiter auf einem alten Schmugglerpfad, der direkt an der Küste die Bucht umrundet. Immer wieder stößt man auf kleine Bunker. Dort, wo das drehbare Geschütz stand, sind nur noch die Eisenstumpen geblieben, in der runden Höhlung haben Lagerfeuer gebrannt. Durch die Öffnung in der Wand sieht man die *pointe des espagnols*, auf der anderen Seite der Rade, und rechts den Goulet. Seltsam, dieser Zusammenfall von touristischem und militärischem Interesse. Bei beiden die Suche nach der besten Aussicht. Die Freude an genauem Kartenmaterial, die geübte Orientierung in unbekanntem Gelände, das Quartiermachen für die Nacht, die Notwendigkeit, seine Vorräte aufzufüllen, die immer leichtere und praktischere Ausrüstung, das latente Eroberungsdenken, das einen als Tourist erfaßt, weil man die Welt Stück für Stück in seinen Erfahrungsschatz eingliedern will. Gut, daß heute niemand mehr zur Armee muß, um seine touristischen Sehnsüchte auszuleben.

Catenaccio im »L'avenir«

Bei St-Nazaire führt eine elegante, futuristische Brücke über die Loiremündung. Auf der anderen Seite beginnt ein Gebiet, das verwaltungsmäßig nicht mehr zur Bretagne gehört, einer der Gründe für die Bretonen, sich von Paris schlecht behandelt zu fühlen. Ironischerweise geht es der Bretagne inzwischen vergleichsweise so gut, daß nicht nur die Mehrheit der Bretonen, sondern auch der Einwohner der Region Loire-Atlantique einer Zuordnung zur Bretagne zustimmen würde.

Auf der anderen Seite der Loire soll es fast immer regnen. Das ist Jan Ullrich bei der Tour 2003 zum Verhängnis geworden, als er auf dem nassen Asphalt ausrutschte. Die ganze Tour über hatten die Fahrer unter der Gluthitze gelitten, das Land erlebte eine Rekordtrockenzeit, und ausgerechnet beim entscheidenden Zeitfahren goß es in Strömen.

Jenseits der Loiremündung sieht man die Skyline von St-Nazaire und die Hafen- und Industrieanlagen mit Schornsteinen, aus denen Feuer fackelt wie aus riesigen Drachenmäulern. Ich gebe Gas, um es noch rechtzeitig nach Nantes zu schaffen, wo ich mir eine Kneipe suchen muß, in der sie das Champions-League-Finale zeigen. Ich bin zwar zum erstenmal in Nantes, aber die Schilder leiten mich sicher bis zur Jugendherberge.

Auf dem Zimmer erschrecke ich einen jungen Amerikaner. Er richtet sich auf dem Bett auf und sucht seine Brille. Ich erfahre, daß er nach dem Mauerfall für sechs Monate am »Hördör-Institjut« in Leipzig studiert hat. In Frankreich würde kaum jemand Englisch sprechen, nicht wie in Westdeutschland. Seine Reise verläuft nach einem gröberen Raster als meine, er sieht sich die großen Städte Frankreichs an. Wenn ich daran denke, wie schwer es schon ist, die Bretagne zu überblicken, beneide ich ihn nicht. Er glaubt mir nicht, daß Merlin in der Bretagne begraben liegt. Überhaupt wundert er sich, daß der Artus-Stoff hier bekannt sein soll. Dabei entstand er vermutlich unter dem Eindruck des Kampfes der Insel-Bretonen gegen die angelsächsischen

Eroberer. Artus war für die Bretonen immer eine messianische Gestalt. Wenn er wiederkommt, wird die bretonische Renaissance beginnen.

Wahrscheinlich sollte es mich eher wundern, daß er als Amerikaner überhaupt schon von Artus gehört hat. Und daß er hier auf dem Bett liegt und in die Luft guckt, statt sich die Stadt anzusehen. Vielleicht hat er schon zu viel gesehen und kann nicht mehr. Als ich gehe, legt er sich jedenfalls wieder hin, jetzt muß er erst einmal verdauen, daß Merlin in der Bretagne begraben liegt.

Ich habe es eilig, ich bin ja den ganzen Weg mit überhöhter Geschwindigkeit gefahren. Wichtige Fußballspiele im Ausland an zufällig sich ergebenden Orten zu sehen, hat für mich Tradition. Aber wo finde ich hier eine Kneipe, in der sie das Spiel zeigen, zumal keine französische Mannschaft mitspielt? Außerdem ist heute *Ascension* (Himmelfahrt), einer dieser Feiertage, die einen als Ostdeutschen immer auf dem falschen Fuß erwischen. Aber meine Sorge ist überflüssig, kaum bin ich auf der Straße, stolpere ich schon über eine kleine Kneipe, aus der die vertrauten Geräusche schallen. Sie heißt *L'aventir.* Vor der Tür sitzen die Gäste unter Sonnenschirmen. Drinnen zögere ich erst, weil ich ganz allein bin. Todesmutig setze ich mich an den Tresen, als würde ich das immer so machen. Eine dicke Wirtin und ein glatzköpfiger Mann mit Tätowierungen von Folterinstrumenten stehen hinter dem Tresen.

Ich will mich auf das Spiel konzentrieren, wenn Italiener gegeneinander spielen, muß man sich ja am System berauschen, viel zu sehen gibt es nicht. Der Mann mit den Tätowierungen heißt Michel. Er erzählt, daß er mal Schiedsrichter war und wen er gepfiffen hat: *»J'ai fait St. Étienne, Bordeaux, Monaco–«* Er scheint selbst nur Kunde zu sein, aber ein guter, weil er der Wirtin das Zapfen abnimmt, damit sie sich auch mal ausruhen kann.

Ich starre auf den Bildschirm, noch etwas unsicher mit meinen neuen Freunden. Immer, wenn man zwei Spieler in Großaufnahme rangeln sieht, ruft Michel: »Da muß er pfeifen! Ich hätte das gepfiffen! So steht es in den Regeln!«

Ich trinke ein halbdunkles Bier, *L'abbaye de St. Landelin.* Wie lange kann ich mich daran festhalten? Am schlimmsten wird es in der Pause, was soll ich dann machen? Ich kann Michel ja fragen, ob sich solche Tätowierungen auch wieder entfernen lassen. Ich dachte, zwei Biere würde ich schaffen, aber ich bin schon nach wenigen Schlucken etwas angetrunken. Der Tag war lang. Dann ist mein Glas plötzlich wieder voll. Michel hat es einfach wortlos ausgetauscht, Geschenk vom Haus. Warum habe ich heute bloß nichts gegessen?

Hinter dem Tresen hängt ein Bild von Jacques Brel. Dann ist ja gut, denke ich, denn den mag ich auch. Und seine Freunde sind meine Freunde. Früher habe ich einmal überlegt, ob ich meine Magisterarbeit über »Fußballfachsprache in der Romania« schreiben sollte. Ich hätte mit meiner Satellitenschüssel europäischen Fußball gucken und die Reporterfloskeln mitschreiben können. Ich habe dann nur einen Teil der Arbeit geschafft, das Fußballgucken, es aber nie linguistisch ausgewertet. Jetzt würde ich gerne mitschreiben, aber ich kann schlecht mein Notizbuch vorholen, am Ende denken sie noch, ich spioniere fürs Finanzamt oder für die Hygiene. Ich merke mir also, daß Fallrückzieher *bicyclette* heißt, ohne allerdings zu verstehen, was ein Fahrrad mit einem Fallrückzieher zu tun haben soll.

In der Pause kommt aus dem Radio fröhliche südamerikanische Musik. Die Wirtin sieht nach mir: *»Ça va? Ça se passe bien?«* Ich nicke glücklich mit dem Kopf und stecke mir noch ein paar von den alten Brezeln in den Mund, die sie mir hingestellt hat.

Als ich vom Klo komme, finde ich das Licht nicht, sie rufen: »Das geht von selber aus!« Anscheinend werde ich beobachtet.

In der zweiten Hälfte ist das Spiel noch langweiliger, Italiener gegen Italiener, wer soll da Tore schießen? Dann stellt sich plötzlich ein betrunkener Lockenkopf zu mir und macht Faxen. Er tut so, als würde er den Ball kicken: »Hop, hop, her mit der Kohle –«. Damit will er wohl sagen, daß die Spieler für diese kindische Tätigkeit auch noch bezahlt werden. Anscheinend interessiert ihn Fußball nicht. Ich grinse, um ihn friedlich zu stimmen, aber das Grinsen ist nicht so leicht durchzuhalten, weil er nicht wieder geht.

Die Reporter drücken sich noch geschraubter aus als bei uns: »Ein bißchen Benzin ist noch im Motor von Gattuso.« Der Lockenkopf wiederholt kennerhaft ihre Kommentare: »Zehnte Ecke.« – »Zehnte Ecke? Donnerwetter!« Dann gibt er den Spielern, die ihn gar nicht hören können, Anweisungen: *»Changement d'aile!«* (Flügelwechsel). Vielleicht sollte ich doch die Magisterarbeit schreiben und ihn als Quelle nutzen.

Die Italiener schaffen es nicht, mich mit einem regulären Tor zu erlösen. Die Verlängerung verläuft ereignislos. Ich bin schon so betrunken, daß ich ein Tonic bestelle, aber die Wirtin versteht nicht, was ich will, bis sie errät, daß ich Schweppes meine.

Fürs Elfmeterschießen brauche ich noch einen Kaffee. Jetzt leisten mir auch die anderen betrunkenen Kneipengäste Gesellschaft. Jeder anlaufende Spieler wird kommentiert: *»Ça va chauffer. Schewschenkö, il est bien çuis la!«* Dann schießt David Trézéguet. *»C'est gagné, c'est un français!«* Aber Trézéguet verschießt: »Nächstes Jahr wird er verkauft.«

Michel kennt sich natürlich besser aus als wir: »Bis jetzt war kein einziger Elfmeter regelgerecht! Sie haben alle schon vor dem Schuß die Torlinie verlassen!«

Wer gewonnen hat, vergesse ich schnell. Ich bin froh, daß ich wieder draußen bin. Dieses Gefühl habe ich so lange vermißt, erst jetzt bin ich richtig angekommen in der Bretagne: angetütert aus einer Bar stolpern, das gelbe Laternenlicht, der nasse Asphalt, keine Bäume, an denen man sich festhalten könnte, schmale, geteerte Bürgersteige. Hier und da Stimmen hinter den geschlossenen Fensterläden im Parterre. Die Straße, auf der ich gehe, heißt Rue Stalingrad. Ich lese ein Schild: KINDERGARTEN *STALINGRAD*. AM ENDE DER SACKGASSE. Ich fotografiere es, damit ich morgen nicht etwa glaube, ich hätte geträumt.

Vorwärts Guingamp

Weil ich nicht jedesmal anhalten kann, wenn ich etwas notieren will, schreibe ich während der Fahrt. Ich frage mich, welcher Gedanke so gut ist, daß er einen Unfall wert wäre? Am ungefährlichsten fährt es sich auf den großen vierspurigen Straßen, die keine offiziellen Autobahnen sind, auch wenn sie so aussehen. Es ist natürlich eigentlich Verschwendung, auf der Autobahn durch dieses Land zu fahren. Aber wenn man die kleinen Straßen benutzt, schafft man nie, was man sich für den Tag vorgenommen hat, weil man immer wieder zu kleinen Umwegen verleitet wird. Auf der Autobahn wird einem klar, wie nah alles beieinanderliegt. Man könnte in wenigen Stunden zu jedem Ort gelangen. Deshalb kann man die Bretagne auch als große Stadt betrachten, deren Viertel von herrlichen Grünflächen voneinander getrennt sind.

Auf der Autobahn darf man nur 110 fahren, und seltsamerweise halten sich die meisten daran. Aber wenn man ein Auto hat, das vor Freude am Fahren fast wiehert, ist man schnell bei 140 oder 150. Die Franzosen fahren nicht nur korrekt, sie versuchen auch, jeden anderen dazu zu zwingen, es ihnen gleichzutun. Mit Vorliebe bleiben sie nach dem Überholen auf der linken Spur hängen und lassen niemanden vorbei.

Auf der Landstraße ist es nicht besser. Ich habe es eilig, weil ich zu einem Spiel von EA Guingamp will. Am Ende einer Kolonne von zehn Wagen, von denen keiner überholt, werde ich etwas nervös. Schuld an diesem Stau ist eine ältere Dame, die mit Tempo 70 vorneweg fährt. Von den Überholmanövern, die ich riskieren muß, um die Kolonne hinter mir zu lassen, wird man in der Region noch lange sprechen.

Schon vom Marktplatz aus hört man die Zuschauer und den Stadionsprecher. Die Gegend des Stadions wirkt eher ärmlich. Sozialbau, mickrige Vorgärten, schmucklose Betonblöcke in der Sonne. An einer Kapelle, eher einer Baracke aus Plattenbauelementen, wirbt ein buntes, von Kindern gemaltes Schild für die Kirche: DER KATHECHISMUS: EIN PLUS FÜRS LEBEN. Erwartungsfroh gehe ich zum Stadioneingang, aber die Kartenschalter sind schon geschlossen, und ich werde nicht mehr reingelassen. Neidisch sehe ich zu den Balkons hoch, auf denen Großfamilien das Spiel gratis verfolgen. Eine Seite des Stadions wird von diesen Betonquadern flankiert. Aus vielen Fenstern hängt Wäsche zum Trocknen. Ich gehe ums Stadion und entdecke ein paar Stellen, an denen man durch den Zaun sehen kann. An einer hat man einen guten Blick auf den Mittelkreis. Aber es macht keinen Spaß, von einem Fußballspiel nur den Mittelkreis zu sehen. Außerdem taucht Giovane Elber da nicht auf, der neuerdings beim heutigen Gegner Lyon spielt. Die Zeitung hatte getitelt: »LE ROI LYON A GUINGAMP«. Eines dieser unnachahmlichen Lokalblattwortspiele.

Am anderen Ende des Stadions sieht man durch eine Lücke in der Tribüne das Tor. Ich fotografiere einen alten Mann mit Schnurrbart, der durch den Zaun linst, vielleicht wird es ja das World-Press-Foto 2003. Guingamp hat nur 8000 Einwohner, aber im Schnitt kommen 18 000 Zuschauer, ein Phänomen. »Sie führen zwei zu null«, sagt er zu mir. Ich nicke befriedigt, denn das ist sicher gut. »Diese Saison hat schlecht begonnen.« Ich runzle die Stirn, denn das macht mir auch Sorgen. Der Beton ist naß, wir stehen in einer Pfütze: »Es gab ein Gewitter. Der Rasen ist noch naß.« Aha, das berühmte bretonische Mikroklima. Auf der Autobahn schien den ganzen Tag die Sonne, aber hier hat es geregnet.

Der Torhüter von Guingamp hat nicht viel zu tun heute nachmittag, das Spiel hat sich in den anderen Strafraum verlagert, den wir nicht sehen können. »In der 1. Liga kaufen sie alle Spieler weg«, sagt mein Informant. Deshalb sei der Start so schwer gewesen, die Besten würden den kleinen Klub nach jeder Saison verlassen. Der kleine Ausschnitt, den wir sehen können, wird von einem Schild verdeckt: »EN AVANT DE GUINGAMP HEISST SIE HERZLICH WILLKOMMEN« (»Vorwärts Guingamp«, heißt der Klub also, wie damals Vorwärts Frankfurt / Oder, der Armeesportklub der DDR). Die anderen Opas neben uns rauchen, ich mache es mir in einer Gauloise-caporal-Wolke gemütlich. Seit ich nicht mehr rauche, wirkt dieser Geruch auf mich wie ein Aphrodisiakum. Aber nur der von Gauloise caporal.

Wir warten auf einen verirrten Ball, einen Schuß, der hoch über das Stadion geht, oder, kaum eingestandene Hoffnung, daß der Ball einmal über den Zaun zu uns fliegt und wir für einen Moment im Zentrum des Interesses stehen. Dann entdecke ich Elber, er startet durch, wird aber nicht gesehen, der Paß kommt nicht an. Wie einsam muß er sich fühlen, eben noch im sonnigen, mondänen München, plötzlich in der matschigen französischen Liga.

Die alten Männer haben mitbekommen, daß ich Deutscher bin. Sie machen sich daran, mir das französische Ligasystem zu erklären. Wie immer, wenn die Franzosen etwas systematisieren, ist das Ergebnis völlig unverständlich. Es gibt ungefähr vierzehn Ligen, die aber nicht durchnumeriert werden, sondern eigene Bezeichnungen haben. Beim Unterschied zwischen *Divi-*

sion supérieure régionale, *Division d'honneur régionale* und *Promotion d'honneur* gebe ich auf und ziehe mich heimlich zurück. Die alten Männer merken es gar nicht.

Ich gehe zu den Sozialbauten hinter dem Stadion. Sie tragen sonnige Namen: »Zu den Zedern«, »Zu den Akazien«. Wie ärgerlich muß es sein, hier eine Wohnung zu haben, deren Fenster zur falschen Seite gehen. Neben dem Eingang hängt ein Infokasten mit Tips für billige Urlaubsreisen und der Ankündigung: »KIETZ-ESSEN. JEDER BRINGT, WAS ER ESSEN MÖCHTE.« Ich knipse die vielen verschiedenen und durchweg scheußlichen gestickten weißen Vorhänge. Klippen, Leuchttürme und Menhire werden ja schon oft genug geknipst, aber diese Vorhänge mit ihrer Motivvielfalt sind noch nicht gewürdigt worden. Rentierschlitten, mit Wollknäueln spielende Kätzchen, Papageien, Hirsche, Bauern in Trachten. Ab jetzt werde ich das sammeln. Das kommt zu meiner anderen Sammlung von gußeisernen Fensterschützern. Ich weiß gar nicht, wie man diese Objekte nennt, die hier an fast allen Fenstern statt eines Balkons angebracht sind. Man könnte meinen, sie sähen alle gleich aus, aber wenn man genauer hinsieht, erkennt man eine enorme Vielfalt von Ornamenten und Schnörkeln.

Plötzlich höre ich ein wütendes Gebrüll und gehe schnell weiter. Ich dachte schon, jemand hätte sich daran gestört, daß ich hier in fremde Fenster fotografiere, aber es kam aus dem Stadion, anscheinend gab es eine Schiedsrichterentscheidung zugunsten des Gegners.

Das traurige Café

Die Bretagne ist eine Festivalhochburg. Die Städte konkurrieren mit Festoù-noz, den wieder sehr populären bretonischen Tanz- und Musiknächten, mit Rockkonzerten, Straßenfesten, Jazztagen, es gibt sogar Karnevalsumzüge. Fast jede Gemeinde hat ihre Prozession, die immer Anlaß für einen großen Jahrmarkt ist. Besonders im Sommer ist an jedem Tag irgendwo etwas los. Das *Festival de la Clarinette* in Glomel ist mir besonders empfohlen worden. Der Einladung der Veranstalter folgen Gruppen aus aller Welt, aus den keltischen Bruderregionen, aus Osteuropa, Afrika und Südamerika.

Bevor ich in Glomel den Zeltplatz suche, kaufe ich mir im Supermarkt etwas zu essen und Badelatschen für die Duschen. Ich gehe schnell und ohne hinzusehen am Fischstand vorbei, dieses in Wasserbecken paddelnde Viehzeug, Berge von Langusten auf gestoßenem Eis, Schneckenkolonien, das ist nichts für mich. Und dann erst die lebenden, kanadischen Würmer in Plastikdosen für die Angler...

An der Kasse stehen junge Langhaarige mit Batikklamotten vor mir. Sie laufen barfuß und kaufen viel Bier. Sicher wollen sie auch zum Festival der Klarinette.

Eigentlich leben in Glomel nur ein paar hundert Menschen. Viele Engländer kaufen sich in der Gegend Häuser, wie überhaupt im Inneren der Bretagne. In manchen Dörfern sollen sie schon drei Viertel der Einwohner stellen.

Einmal im Jahr ist der Ort überlaufen. Auf dem Campingplatz am See stehen die Zelte dicht an dicht, am Ufer tummeln sich ganze Hunderudel. Ich suche mir eine freie Ecke für mein Zelt. Überall sitzen Hippiegruppen um kleine Feuer und spielen Gitarre, Mädchen machen Bauchtanz. Bis zu den Konzerten am Abend ist noch Zeit, deshalb gehe ich hoch in den Ort, ins »Café zur alten Takelung«.

Die Besitzer des Cafés haben gewechselt, ich erkenne auch nicht gleich, wer hier verantwortlich ist, weil irgendwie alle wie Trinker aussehen. Die beiden bärtigen Langhaarigen hinter dem Tresen sind schon ziemlich angetütert. Sie haben schlechte Zähne und glasige Augen. An den Wänden hängen die Plakate der letzten vierzehn Ausgaben des Klarinettenfestivals.

Als ich vor Jahren zum erstenmal hier war, gehörte das Café Martine und ihrer Freundin. Es war eine ihrer Utopien, mitten in der Einöde ein Café als Ort der Begegnung zu eröffnen. Leider kann man ohne die Trinker nicht überleben, und die sind in der Bretagne immer ein bißchen lauter und schwerer in Schach zu halten.

Ich setze mich neben der Tür auf einen Barhocker. Die Sonne wärmt mir den Rücken. Ich vertiefe mich in die Polizeiberichte aus der Lokalzeitung. Ein neumarkierter Spazierweg ist diesem Blatt eine ganze Seite wert. Vielleicht kann ich den morgen früh als Laufstrecke ausprobieren.

Ein braungebranntes Mädchen mit fehlenden Vorderzähnen und Damenbart bemerkt mich: *»On s'occupe de vous?«* Sie bringt mir ein Bier für zwei Euro und einen *café crème* für eins zwanzig, die Preise sind bemerkenswert billig. Die Gäste singen laut. Ich erkenne einzelne Textfetzen: *»C'est pas l'homme, qui prend la mer, c'est la mer, qui prend l'homme, bababaaaa.«* Das ist von

Renaud. Ein junger Mann mit nacktem Oberkörper wankt durch den Raum. Hoffentlich kommt er nicht zu mir, es ist wie beim Flaschendrehen. Aber dann bleibt er stehen, ballt die Faust und singt: *»Société, tu m'auras pas!«* Nein, ganz bestimmt nicht, dich holt hier keiner weg.

Im Inneren der Bretagne leben viele junge Menschen, die man früher Aussteiger genannt hätte. Sie pflegen ihren Widerwillen gegen die französische Beamtenwelt und schmücken sich mit Symbolen der untergegangenen keltischen Kultur. Oder sie wollen einfach nur ihre Ruhe.

Das Konzert beginnt gleich, man strömt in ein großes Festzelt. Draußen sind Bierstände aufgebaut, es riecht nach Bratwurst. So fröhlich, wie man sich hier zuprostet, könnte man denken, alle würden sich kennen. Die Bretagne ist ja auch dafür bekannt, daß fast jeder ein Cousin des anderen ist. Das ist bei den hohen Geburtenzahlen früherer Zeiten schon rein rechnerisch wahrscheinlich.

Ich nehme ein Glas Chouchen und ein dunkles Bier. Damit habe ich mich endgültig als Tourist geoutet. Ich habe aber noch nie den berühmten Chouchen getrunken. Es ist ein Honigschnaps, dem eine besondere Wirkung zugeschrieben wird: Angeblich läuft man davon rückwärts. Dieser Ruf ist nicht ganz unbegründet, weil die Waben früher ungereinigt verarbeitet wurden, so daß tote Bienen und ihr Gift mit in den Schnaps gerieten.

Ich balanciere die beiden überschwappenden Becher ins Zelt. Es sind bestimmt 300 Leute hier, ich nehme neben einem schmalgesichtigen Lehrertyp mit Franz-

Liszt-Frisur Platz, der angeregt und ostentativ mit dem Knie wippt. Anscheinend hört er solche Musik auch zu Hause. Vielleicht ist er von weit her gekommen und ärgert sich, daß es den jungen Leuten da draußen bei diesem Festival in erster Linie ums Besäufnis geht. Nach einer Weile muß ich unsere Stühle auseinanderklinken, weil ich von seinem Wippen fast seekrank werde. Die Band integriert jedes nur irgendwie denkbare Instrument in ihren angejazzten Worldmusikkitsch, fehlt nur noch, daß sie auf einem Müllsack und einem verbogenen Lampenständer musizieren. Aber die Leute sind begeistert. Der Baß klingt wie das Instrument, das wir als Kinder aus einer Waschmitteltrommel und Paketstrippe gebastelt haben.

Ich gehe in den anderen Saal, wo das rumänische Trio in seinen grauen Anzügen etwas steif dasteht und rasend schnell auf der Klarinette bläst. Ein Mädchen mit roter Adidashose kommt in Begleitung von vier kleinen, dicken Männern aus dem Saal und grüßt jemanden mit *»sdrasti«*. Das ist bulgarisch für »hallo«. Die bulgarische Gruppe hat schon gestern gespielt. Wo ich auch im Ausland Bulgarinnen treffe, sie tragen immer rote Adidashosen.

Die Nacht wird noch lang auf der Festwiese. Ein alter Mann mit kariertem Hemd und blauer Hose irrt triefäugig auf krummen Beinen durch die Massen. Alle paar Schritte schiebt er sich die Mütze zurecht. Anscheinend kennt er auch niemanden. Die dicken Bulgaren schlürfen in Adiletten über die Wiese. In einem Bierzelt sitzen Basken mit Baskenmützen an langen Tischen und spielen baskische Musik.

Leider teile ich das hiesige Vergnügen am Alkohol

nicht. Deshalb gehe ich schon vor Mitternacht schlafen. Zwanzig junge Leute lagern vor meinem Zelt, ihre leeren Bierflaschen stellen sie auf meinem Kofferraum ab. Mißtrauisch mustere ich, wie eng sie mein Auto zugeparkt haben, das wird nicht leicht, hier morgen früh wegzukommen. Ich lege mich ins Zelt und stöpsle mir die Ohren zu. Die ganze Nacht über wache ich auf, zupfe mir die Gummis aus den schmerzenden Ohren und höre sie singen. Um sechs Uhr morgens unterhalten sich die letzten immer noch: *»Eh, il reste du chouchen.« – »Ouai! Génial.«*

Gegen acht öffne ich das Zelt, es ist naß vom Tau. Vor dem Eingang liegt jemand in einem eingeweichten Schlafsack. Es ist neblig und unangenehm feucht. Entlang des Seeufers liegen Dutzende Schläfer in ihre Dekken gewickelt. Wie halten sie das aus? Oder werde ich alt?

Ich folge den roten Pfeilen, mit denen der Spazierweg aus der Zeitung markiert ist. Sie führen mich zum Nantes-Brest-Kanal. Dort begegnen mir andere Läufer, ich bin also nicht der einzige Verrückte. Den Kanal hatte ich einmal entlangwandern wollen. Heute bin ich froh, daß ich es nicht getan habe, das Ufer ist matschig, ein Paradies für Mücken. Auf Schautafeln steht, daß der Kanal von Strafgefangenen gebaut wurde.

Ich laufe über Schleusen, durch Hohlwege, überquere Straßen und sehe wegen des Nebels nichts von der angepriesenen Aussicht. Nach einer Stunde lande ich auf einem Bauernhof zwischen muhenden Kühen. Irgendwo bin ich falsch abgebogen. Ich stapfe über eine Kuhkoppel, in der Hoffnung, wieder auf den See zu stoßen. Dann kämpfe ich mich durch eine Brombeerhecke. Es ist gar nicht möglich, hier querfeldein zu laufen, ich bekomme eine Ahnung von der Bedeutung befestigter Wege im Mittelalter.

Nach dem Duschen mit meinen neuen Badelatschen bin ich wieder ein Mensch. Als ich zurückkomme, rappelt sich der Schläfer vor meinem Zelt gerade auf, klemmt sich seinen Schlafsack unter den Arm und wankt davon. Er hat noch ein paar Tage Festival vor sich. Ich bin nicht so verliebt in Klarinettenmusik, daß ich mehr davon bräuchte.

Western

Es war schon Nacht, ich fuhr durch einen verwinkelten Ort, und es war völlig unmöglich, die Straße zu finden. Denn Yanns Wegbeschreibung hatte gelautet: »Am zweiten oder dritten Kreisverkehr links, dann kommt eine Werbung für einen Supermarkt, Leclerc oder was Ähnliches, dann biegst du nach links, und dann müßte irgendwann die Straße kommen.« Sie setzten hier immer viel Selbständigkeit voraus.

Weil ich mich verfahren hatte, fragte ich ein Pärchen nach dem Weg. Die beiden stürmten hilfsbereit auf mein Auto zu, kannten aber die Straße nicht. Dafür wollten sie unbedingt Deutsch sprechen: »Also, das ist öh, in der ›Miete‹ des Orts, denn dort giebt es ein Kart', bei der *Mairie*, ja?« Tatsächlich fand ich den Stadtplan neben der Mairie. Ich richtete die Scheinwerfer auf die Karte und studierte sie eingehend, bis ich die Straße endlich fand.

Vor der Tür des Hauses lag ein riesiger Köter. Im Wohnzimmer malte ein Mädchen Ölbilder. Vom Zimmer aus konnte ich den Himmel über dem Meer sehen, der noch ein bißchen aufgehellt war. Ich konnte zwischen zwei bezogenen Betten wählen, nachdem ich schon befürchtet hatte, mir mit irgendwem eine Matratze teilen zu müssen. Wie war ich bloß hierhergekommen?

Ich hatte am Morgen Yann angerufen, einen alten Bekannten. Er war mir immer wie eine Variante des jungen Gérard Depardieu vorgekommen. Die gleiche zärtliche Gewalt, die gleiche Unberechenbarkeit. Er hatte seine Kindheit auf einer Insel verbracht, wo seine Eltern vom Töpfern lebten. Seine ganze Leidenschaft war sein Moped gewesen, allerdings konnte er auf der Insel immer nur im Kreis fahren. Und wenn er auf dem Hinterrad fuhr, sah es niemand. Er schrieb sich auf dem Festland an der Uni ein und beantragte bei der Bank einen Studienkredit. Das Geld gab er sofort für sein Traummotorrad aus, das allerdings die meiste Zeit in der Garage blieb, weil er das Benzin gar nicht bezahlen konnte.

Ich wußte, daß er inzwischen beim Film jobbte, aber ich wußte nicht, wo er steckte. Als ich ihn anrief, stellte sich heraus, daß er ganz in der Nähe am Set des neuen Films von Manuel Poirier arbeitete. Diesen Regisseur kennt man in Deutschland kaum, aber ich war ein großer Bewunderer seines Films *Western*. Ein Roadmovie, in dem ein Russe und ein katalanischer Schuhverkäufer durch die Bretagne irren.

Ich fuhr natürlich sofort nach Ploénen, einem völlig unscheinbaren Nest, in dessen nagelneuem Mehrzwecksaal die Dreharbeiten liefen. (Die Silbe Plou-, Plo-, Pleu-, Plu-, Plé- kommt in 160 bretonischen Ortsnamen vor, das sind elf Prozent aller Orte. Sie stammt vom Lateinischen *plebem* – Volk und zeigt an, daß diese Orte während der Besiedlung im fünften und sechsten Jahrhundert gegründet wurden.)

Das Gute an Dreharbeiten ist, daß niemand den Überblick hat, wer eigentlich dazugehört. Deshalb wurde ich von allen höflich begrüßt. Sogar die Hauptdarstellerin lächelte mir zu, vielleicht hielt sie mich selbst für einen Schauspieler? Ich fragte mich zu Yann durch, der sich gerade in der Küche ein Wurstsandwich in den Mund stopfte. Wir begrüßten uns überschwenglich, aber wir konnten nicht lange reden, weil gleich wieder über sein Walkie-Talkie nach ihm verlangt wurde.

Ich drückte mich ein bißchen herum, mal drinnen, mal draußen, alle hatten etwas zu tun, niemand wunderte sich über den Fremden. Ich half dabei, zwei Mülleimer abzubauen, die die Szenerie störten. Sie waren einbetoniert. Der eine Techniker meinte: »Die sind versiegelt.« Der andere fragte zurück: »Versiegelt, wie meine Schwester?« Fußvolkhumor. Dann kam ein Journalist von Canal+ für ein Porträt des Regisseurs, der *un grand futur* habe. Der Techniker murrte: *»Il a un grand futur, et nous un grand passé.«* Ich machte mich lieber davon, um nicht zum Entladen der Lastwagen voller Technik verdonnert zu werden, die für den Nachtdreh aufgebaut werden mußte.

Als ich Yann am Abend wiederfinde, kann ich immer noch nicht mit ihm reden, weil gerade eine Szene gedreht wird. So langweilig hatte ich mir die Arbeit beim Film nicht vorgestellt. Wir müssen minutenlang schweigen und dürfen uns nicht rühren. Es scheint sehr wichtig zu sein, daß nicht das geringste Geräusch stört.

Danach schlendert Poiriers Lieblingsschauspieler Sergi Lopez gelangweilt über den Flur, summt spanische Weisen und nippt an einem Plastikbecher Rotwein. Yann lacht ihn an: »He, Sergi Lopez! Hör auf zu laden!« Er hat wirklich vor niemandem Respekt, wie der junge Gérard Depardieu.

Draußen hat sich inzwischen das halbe Dorf versammelt, sie sollen heute als Statisten mitwirken. In der Nacht wird ein Fest-Noz gedreht, bei dem ein Auto gestohlen wird und eine Prügelei ausbricht. Der Obertechniker stellt sich auf einen Papierkorb und teilt die Leute in zwei Gruppen ein, die Schläger und die Autodiebe. Ich ringe mit mir, mich dazuzustellen. Gern würde ich in einem Film von Manuel Poirier zu sehen sein. Aber der Techniker bläut allen ein, daß sie den Raum bis fünf Uhr früh nicht mehr verlassen werden. Sie sollen sich überlegen, ob sie sich das zumuten wollen. Ich schlafe aber jetzt schon ein.

Ich gehe noch einmal zum Set, diesmal finde ich Yann im Cateringzelt hinter dem Gebäude. Die Kellner bewirten uns mit Steaks und gutem Wein. Yann ist euphorisch, denn morgen ziehen sie weiter nach Brest. In den vierzehn Jahren, die er dort gelebt hat, durfte er noch nie das Arsenal betreten, und jetzt kann er für die Dreharbeiten endlich hinein. Ob ich gesehen hätte, daß die Pont Robert Schumann inzwischen eine Balustrade bekommen habe. Die Anwohner darunter hatten die vielen Selbstmörder satt.

Ich sehe ihn ungläubig an, aber er läßt sich nichts

anmerken, so daß ich nicht weiß, ob er mich auf den Arm nimmt. Aber vielleicht hat er ja recht, denn die Bretagne nimmt bei der Suizidrate einen europäischen Spitzenplatz ein.

Yann gegenüber sitzt der kleine, dicke Bürgermeister des Ortes. Er ißt nicht, er speist mit vornehm geschürzten Lippen. Ein Bauerntyp, der sich der Würde seines Amts bewußt ist. Die Knöpfe an seinem Jackett zieren kleine Anker. Er diskutiert mit den anderen Honoratioren über das astronomische Filmbudget: Drei Millionen Euro, sie hätten nur ein Drittel dieser Summe für ihre Kommune zur Verfügung.

Yann gibt mir den Schlüssel des Quartiers im Nachbarort, in dem das Filmteam untergebracht ist. Er erklärt mir schnell den Weg, dann wird er schon wieder von seinem Walkie-Talkie aufgescheucht. Ich bleibe noch eine Weile und beobachte, wie Sergi Lopez sich Wein nachschenkt. Vielleicht trinkt er sich ja Mut an, weil er heute nacht das Auto klauen muß.

Pardon de Folgoët

Es gibt in der Bretagne mehrere hundert Pardons, Prozessionen zu Ehren der Ortsheiligen, die einmal im Jahr stattfinden. Sie haben alle ihre Besonderheiten, mal muß man durch die Dünen wandern, mal über eine kleine Brücke. Zum Pardon auf den Glénan-Inseln kommen die Pilger mit dem Schiff, in La Feuillée läuft ein vierjähriges, getauftes Kind der Prozession voraus und führt ein Lamm an einem Band. Es gibt Pardons, auf denen Pferde gesegnet werden, auf anderen Motorradzündschlüssel, auf wieder anderen wird in der Kirche Speck versteigert. Auf einem wird von der Gemeinde gespendete Butter zu einem Klotz gegossen und von den alten Frauen kunstvoll verziert (Butter war früher so wertvoll, daß sie als Maßeinheit für die Baukosten eines Schiffs galt). In Quelven wird ein Engel vom siebzig Meter hohen Glockenturm gelassen, der das Freudenfeuer entzündet. Was sich in Josselin beim Pardon der Fallsüchtigen abspielt, stelle ich mir lieber nicht vor.

Einer der großen Pardons findet in Folgoët statt, im Léon. Der Weg führt durch die karge Landschaft des nördlichen Finistère. Die Orte sind weniger für Touristen herausgeputzt als im Süden. Wenn man mit dem Auto durch die Dörfer fährt, sehen einem die Einwohner lange nach. Es gibt endlose Maisfelder, farnbewachsene Böschungen, kaum Bäume. Manchmal tauchen Häusergruppen am Wegrand auf oder einsame Kneipen mit Namen wie »Café des Brumes« oder »Le Crépuscule«. In Folgoët höre ich schon von weitem die Gesänge. Etwa 5000 vorwiegend ältere Leute sehen sich die Fahnenprozession der Gemeinden an. Männer in schwarzen Anzügen tragen eine Madonna. Das Gestell ist so schwer, daß eine Ablösung mitläuft. Alte Kleriker brummen andächtig die Lieder. Kinder in bretonischer Tracht laufen aufgekratzt zwischen den Fahnenträgern umher. Die Männer tragen stolze, schwarze Hüte mit Samtbändern, die Frauen hübsche Röcke und weiße Hauben.

Ich erlebe gerade noch den Rest der Prozession. Sobald sie zu Ende ist, strömen die Leute zur Festwiese. Viele haben eigene Klappstühle dabei, auf denen sie es sich bequem machen. Ganz hinten wird von einer Empore gesprochen. Der Bischof betet für uns. »Mein Mann hat Krebs, die Scheidung meines Sohns, wieviel muß ich noch ertragen –« Dann singen alle: *»J'ai choisi d'habiter la maison de Dieux, j'ai choisi le bonheur et la vie –«* Ich gehe durch die Menge und knipse heimlich die herrlichen Charaktergesichter der alten Leute. Ich kann mir einfach nicht vorstellen, daß meine Generation auch einmal so charismatisch aussehen wird.

Man braucht viel Stehvermögen, um den ganzen, dreitägigen Pardon durchzuhalten. Schon am Sonnabend gibt es die ersten Messen. Am Sonntag folgen Messen um acht und um neun. Um 10 Uhr 30 gibt es die große Messe auf der Esplanade. Um 14 Uhr 30 und 15 Uhr *le chapelet* (Rosenkranz), danach die Prozession der Gemeinden und die *Cérémonie mariale* (Marienandacht). Am Montag um 18 Uhr endlich die Abschlußmesse.

Ich habe immer diese unsinnige Angst, unter gläubigen Christen als Frevler, Ungläubiger und Eindringling entlarvt zu werden. Deshalb lasse ich sie in Ruhe und gehe zu den Verkaufsständen. Die Zeiten der Handwerker und Originale sind in der Bretagne, wie fast überall, vorbei. Die Schneider mit ihren Horrorgeschichten, die angeblich so faulen Müller, die, während die Mühle klappert, schlafen, die Holzschuhmacher, die mit ihren Familien in Strohhütten im Wald leben, als Nomaden, weil sie dem Holz hinterherzogen. Die guten und schlechten Eigenschaften verteilen sich jetzt auf alle Menschen, nicht mehr auf bestimmte Handwerke.

An einem Stand mit Stickereien lästert eine deutsche Touristin: »Guck mal, alles, was ich früher weggetan habe –«. Ich kaufe Esel- und Wildschweinwurst, wenn auch nicht die für zweiunddreißig Euro das Kilo. An einem anderen Stand gibt es *far breton*, eine Art Puddingkuchen mit Pflaumen, der schwer im Magen liegt.

Am Käsestand nehme ich *chèvre au poivre* und einen *chèvre feuilleté*. Ich frage nach dem *mode d'emploi*. Der Verkäufer erklärt mir ausführlich, wie ich den Schafskäse in Blätterteig zubereiten soll. Aber ich verstehe schon nach drei Sätzen nichts mehr. Dafür hat man nun studiert. Beim Gemüsestand stehe ich lange hinter einer alten Frau an, der immer noch etwas einfällt. Der Verkäufer sagt jedesmal: *»Ça va avec.«* (»Das geht mit«, der häufige, strenggenommen falsche Gebrauch von *»avec«* ist der bekannteste Bretonismus im Französischen.) Als seine Frau bemerkt, daß ich die ganze Zeit warte, entschuldigt sie sich: »Ich dachte, Sie gehören zusammen.«

Man hat bei bretonischen Händlern oft das Gefühl, daß sie einem ihre Ware eigentlich gar nicht verkaufen wollen. Es kann vorkommen, daß einem Apotheker von diesen ganzen Chemikalien abraten und einem empfehlen, sich lieber ins Bett zu legen. Der bretonische Händler ist allergisch gegen Konkurrenten und gegen Kunden. Sein Traum ist ein Geschäft auf einer einsamen Insel, wo ihm niemand auf die Nerven gehen kann. Die *petits commerces de village* sind ohnehin im Verschwinden begriffen. Sie werden von alten Menschen betrieben, die in ihren Geschäften wohnen. Es gibt seltsame Kombinationen: Uhrmacher mit Alkoholausschank, Cafés mit eigener Zapfsäule, Großmütter mit starken Brillen verkaufen hinter uralten Tresen Lakritze. Bei Bedarf kochen sie auch für einen.

Die Bar Tabac ist schon voll, die alten Männer scheinen nichts Frevlerisches darin zu sehen, direkt vom Gebet zum Bier zu wanken. Ich lese wieder die Polizeiberichte in der Zeitung. Ein junges Paar ist in eine Sparkasse eingebrochen, der Junge hatte seit dreizehn Jahren das Meer nicht gesehen, deshalb sind sie aus Paris hergetrampt und brauchten Geld für die Rückfahrt.

Immer mehr Pilger betreten die Bar, begrüßen sich lautstark und setzen sich zusammen an einen der langen Tische. Die roten Gesichter, die dicken Nasen, die Schiebermützen, die Zigarettenstummel in den Mundwinkeln. Wie ewig lange kennen sie sich schon? Was würde passieren, wenn ich mich dazusetzte und zu ihnen sagte: »Entschuldigen Sie bitte, ich arbeite an einem Buch über die Bretagne. Könnten Sie mir vielleicht ein paar Schnurren aus Ihrem Leben erzählen, damit es nicht so trocken wird? Ich habe übrigens nichts gegen alte Leute, im Gegenteil.«

Ich lasse es. Ein paar Kilometer weiter, in Plouguerneau, dasselbe Bild. Ein Ort, der nicht mehr zu bieten hat als seine Bars. Wie entscheidet man sich zwischen der »Bar les mouettes« und der »Bar Tabac Le Rallye« direkt gegenüber? Ich nehme die »Bar les mouettes – Ostaleri butuniñ« (»Bar zu den Möwen – Bar Tabac«).

Am Tresen stehen sie sich schon am Sonntagnachmittag die Beine in den Bauch (*piliers de comptable*, Tresenpfeiler). Die Jüngeren machen sich über einen älteren Witzbold lustig und wollen ihm eine Frau anhängen. Ich sitze allein an einem der Tische und berausche mich heimlich am Gauloise-caporal-Geruch. An der Kasse steht eine Papierspardose, wie ich sie hier schon oft gesehen habe. Ein kleines Haus, auf dem *Skoazellamp Diwan – Aidons Diwan!* steht. *Diwan* hat nichts mit

Goethe zu tun, sondern heißt auf bretonisch »Keim«. Es sind zweisprachige, assoziative Schulen, die weder vom Staat, noch von der Kirche unterstützt werden.

Draußen nieselt es. Der Herbst scheint endlich zu kommen, von einem Tag auf den anderen. Es gibt kein passenderes Wetter für die Bretagne. Der Wind rupft regelrecht an den Bäumen. Die Bucht von Brest verwandelt sich in eine Waschküche. Aber es wird nicht viel kälter werden. Die Winter sind hier dank des Golfstroms sehr mild, der wie eine große Schlagader Millionen Tonnen Wasser vom Golf von Mexiko bis hinauf zu den Lofoten pumpt. Kaum jemand kann sich an Schnee erinnern. Diese leere Landschaft, die tiefhängenden Wolken. Das ist die wirkliche Bretagne. Unter diesem bedrückenden Himmel, in diesen immer gleichen Bars. Bei alten Knackern, die einen auf den Arm nehmen, ohne daß man es merkt. Man kann die Bretagne natürlich auch als eine Art Kurort betrachten, den man sich mit anderen teilen muß, weil er leider bewohnt ist.

Ich fahre ans Meer, nach Lila. Dort steht auf einer kleinen Insel der *Phare de l'Île vierge* (aus dem Jahr 1897, zweiundachtzig Meter fünfzig, der höchste Leuchtturm Frankreichs). Man kann sich hinüberrudern lassen, aber dafür ist es heute schon zu spät. Ich sitze auf einer Bank und sehe auf die friedliche Bucht. Das bleigraue Wasser ist gespickt mit kleinen Felsinseln. Ein überschwemmtes Gebirge. Die traurigen Boote wippen zwischen den Gipfeln. Der Himmel scheint sich ins Wasser stürzen zu wollen. Von irgendwo tönt eine Glocke. Auf dem vertrockneten Rasen zu meinen Füßen liegen Zigarettenstummel, Spuren fremder Pausen.

Crozon, Bretagne im kleinen

»Der Wind blies und fachte mein Herz an, daß es glühte, bis dahin, wo es ganz alt war.«
(Bernhard Kellermann, *Das Meer*)

Auf der Karte oder aus der Luft sieht die Halbinsel Crozon wie ein großes Kreuz aus, das in die Bretagne gemeißelt wurde. Das würde natürlich auch zur Bretagne passen, dieser erzkatholischen Region, in der es 6386 Kapellen gibt. Das Land hat sogar Missionare in die Welt entsandt. Es gibt die Geschichte von einem bretonischen Priester, der Dankkarten aus Amerika schrieb, daß die Sardinen gut angekommen, aber die schöne Butter leider geschmolzen sei. (Welche Mutter verschickt Butter mit der Post?) Er ist vor hundert Jahren in der texanischen Wüste verschollen. Erst Jahre später wurden seine Überreste anhand seiner Priesterkette identifiziert.

Crozon ist eine Bretagne im kleinen, alles, was man erwartet, konzentriert sich hier: spektakuläre Klippen, einsame Strände, Fischerhäfen, Promenaden, Wald, ein Berg, Grotten, Megalithen, ein Schiffsfriedhof der Marine, Anlagen des Atlantikwalls.

Der Ménez-Hom ist einer der wenigen bretonischen Berge, die aber, weil sie so selten sind, um so mehr auffallen. Oben befinden sich Reste deutscher Geschützstellungen. Am Hang stehen Väter mit ihren Söhnen und lassen im böigen Wind ferngesteuerte Flugzeuge fliegen. Im Cockpit sitzen kleine, traurige Teddybären. Alte Männer lassen Drachen steigen, es sieht aus, als angelten sie im Himmel. Aber die Vögel beißen heute nicht.

Eigentlich will ich nach Camaret, in einen kleinen Langustenhafen, aber ich nehme den Umweg über die *Pointe des espagnols.* Auf dem Weg dorthin kommt man an Militäranlagen vorbei, Teile der Halbinsel sind hochgesichertes Sperrgebiet, weil hier die französischen Atom-U-Boote stationiert sind. Jenseits der Bucht sieht man Brest, kaum zwei Kilometer entfernt. Allerdings braucht man zwei Stunden für die gut hundert Kilometer Landweg.

Bei Flut drängt die Strömung Meerwasser in die Bucht. Man sieht die Presqu'île de Plougastel mit ihren Erdbeerfeldern. Dahinter, schon wieder weit entfernt, der Ménez-Hom. Wie groß die Welt ist! Wie wenig man auf einmal überblicken kann! Motorboote jagen übers Wasser. Die vielen Bunker am anderen Ufer, ein halbes Dutzend zähle ich.

Die Presqu'île de Crozon hat fraktale Struktur, sie besteht aus lauter kleinen Landzungen mit Klippen und Stränden. Untersuchungen haben ergeben, daß die bretonischen Fischer buchstäblich für jeden auffälligen Punkt an der Küste einen Namen hatten. So genau verzeichnet es keine Karte.

In Camaret zelte ich auf dem Campingplatz. Ich gehe freiwillig in den »Sektor für alte Menschen«, weil es da vielleicht ruhiger ist. Dann fahre ich zur *Pointe de Penhir.* Schon von weitem sieht man ein gewaltiges Kreuz, das über dem Meer thront, es ist den gefallenen Bretonen aus de Gaulles Exilarme gewidmet. Die Fresken stellen stilisierte bretonische Arbeiter und Bauern, Panzer und Schiffe dar. Auf der dem Meer zugewandten Seite steht: KENTO C'HMERVEL EGET EM ZAOTRA (Lieber Tod als Schmutz). Vorne liest man ein Zitat aus de Gaulles berühmtester Rede: *»La France a perdu une bataille, mais la France n'a pas perdu la guerre. Dans l'univers libre des Forces immenses n'ont pas encore donné. Un jour ces forces écraseront l'ennemi.«*

Am Horizont versinkt die Abendsonne, bunte Streifen überziehen den Himmel. Ich teste die Entfernung, auf die meine Türentriegelung noch reagiert, beachtlich. Das Auto sieht plötzlich aus wie in einer dieser Autowerbungen, mit Klippen, Meer und Sturmböen.

Ich benutze eines der Fernrohre für einen Euro, die für uns früher das einzige Argument waren, unsere Eltern auf ihren Ausflügen zu begleiten. Man sieht in der Ferne den Leuchtturm von der Pointe de St-Matthieu, der neben einer Klosterruine ohne Dach steht. Eigentlich eine für eine Kirche angemessene Konstruktion, wenn der Himmel das Dach des Gebäudes bildet.

Erst, wenn ich die *Pointe de Penhir* gesehen habe, fühle ich mich ganz in der Bretagne angekommen. Im Sommer ist es hier total überlaufen. Dann ist es, als hätte ich eine heimliche Affäre mit der Landschaft, von der niemand etwas ahnt. Wir grüßen uns verstohlen, ohne daß die anderen es bemerken. Du kannst jetzt nicht mit mir reden, sagt sie, ich weiß, es sind zu viele Menschen hier, später.

Ich weiß nie, bis zu welcher Touristendichte man sich noch grüßen muß. Es ist ein ständiges, anstrengendes Abwägen. Man kann ja nicht jeden grüßen. Aber man möchte auch auf keinen Fall grüßen, ohne zurückgegrüßt zu werden, das wäre zu demütigend.

Ich setze mich an den Rand der Klippe, wenigstens das Meer ist menschenleer. Die Sonne bricht an manchen Stellen durch die Wolkendecke. Wie in einem

Scheinwerferspot schwimmt ein Boot durch die glitzernden Wellen. Unter mir die tosenden Abgründe, schwarzes Wasser, das wütend gegen den Fels brandet. In der Tiefe liegen grüne Granitbrocken, wie versunkene Lebewesen. Der Fels der Klippe in seinen Farbschattierungen, vom Rot in Wassernähe bis zum Grau weiter oben. Die eigenartige, gleichmäßige Faltung des Gesteins, die Goethe sicher zu interpretieren gewußt hätte. Die salzige, milde Luft. Die orangefarbigen Flechten, auf denen ich sitze. Links der *Tas de Pois*, wie der Rükken eines gigantischen, im Wasser liegenden Reptils.

Am Horizont verschwimmen Meer und Himmel. Was für ein Volk wagt sich in eine so neblige Zone? Oder hatte man einfach nur Vertrauen in seine Götter?

Diesmal stören mich Italiener in meiner Andacht. Aber kann man verlangen, hier allein zu sein? Die Vögel sind ja auch nie allein. Oder wären sie es lieber? Ein Junge vermeldet: *»Mama, c'è una stradina la giú!«* Die Mutter antwortet genervt: *»Ma, non ci importa.«* Eben, *non ci importa*. Durch die über den Fels stolpernden Menschen wird aus der Friedrich-Welt eine Spitzweg-Welt.

Morgens wache ich in dieser Betäubung auf, die eintritt, wenn man im sonnenbeschienenen Zelt zu lange schläft. Das Geräusch des Reißverschlusses beschwört Urlaubsgefühle herauf. Ich laufe in der Frühe zur *Pointe de Penhir* und hinunter in eine kleine Bucht. Jemand zieht ein Boot aus dem Meer, eine Szene wie aus einer anderen Zeit. Ich laufe den Strand entlang, auf die nächste Klippe zu. Zwischen den Felsbrocken gelangt man eine Bucht weiter. Ist Ebbe oder Flut? Ich habe mich nicht über die Gezeiten informiert, ein Anfängerfehler. Ich steige über glitschige Algen, schwarze Muschelmassen kleben an den Steinen, kleine, graue Muscheln geben Halt. Dann klettere ich in der Faltung der Klippen weiter und stehe zuletzt auf Steinen, die vom Wasser umspült werden. Eine Welle überschwemmt mir die Schuhe.

Beim Packen stelle ich mir vor, zu Fuß weiterzumüssen. Ob ich Lust hätte, mir jetzt einen Rucksack aufzusetzen und loszustiefeln? Aber wozu? Es ist doch überall gleich schön. Und wenn man einmal mit dem Auto unterwegs war, will man es nicht mehr missen. Wie man die Hügel hinab- und vor allem wieder hinaufgleitet, nur mit einer kleinen Bewegung des Fußgelenks. Gelangweilt gähnend an keuchenden Fahrradfahrern vorbei. Den Gegenwind, unter dem sie leiden, sieht man nur an den Bäumen.

Irgendwann werde ich vielleicht die Tro-Breiz machen, eine traditionelle 700-Kilometer-Wallfahrt zu den sieben bretonischen Kathedralen: St-Brieuc, Saint-Malo, Dol-de-Bretagne, Vannes, Quimper, St-Pol-de-Léon und Tréguier. Aber heute gehe ich lieber am Kai von Camaret frühstücken. Es ist anstrengend, bei leichter Brise im Freien zu essen. Ich muß die Zeitung über dem Kaffee balancieren. Dieses furchtbare französische Krümelbrot fordert mich, soll man nun lieber auf den Tisch krümeln oder auf den Boden? Vielleicht unterscheiden sich darin verschiedene Menschentypen, ich krümele immer neben den Tisch, weil ich ihn nicht schmutzig machen will, dabei ist er ja eigentlich dafür da, bekrümelt zu werden. Dann fällt das Butterpapier runter. Dann hat man Angst, daß das Zuckerpapier wegfliegt. Dann quillt die Marmelade aus dem

Baguette, sobald man reinbeißt, und tropft auf die Zeitung. Dann muß man aufs Klo, will aber jetzt nicht reingehen, weil der Artikel so interessant ist. Dann ist der Kaffee, kaum daß er noch zu heiß war, schon wieder zu kalt. Gut, daß ich allein reise, sonst gäbe es jetzt einen Ehekrach.

In »Le Télégramme« steht etwas zum Thema. Ein Artikel über *vacances*. Daß die meisten sich in den Ferien überfordern. Ich lese:

> ÉVACUER LE STRESS: »Wenn Sie ein bißchen deprimiert und einsam sind, nutzen Sie den Urlaub, um soziale Kontakte aufzubauen. Diskutieren Sie mit der Fischverkäuferin oder der Lebensmittelhändlerin aus dem Viertel. Alle Untersuchungen zeigen, daß solche sozialen Bindungen fundamental sind.«

Also das ist das Geheimnis, ich soll mit der Fischverkäuferin diskutieren, um meinen Streß zu evakuieren. Die Bretonen sind Touristen aber so gewohnt, daß man ihnen nicht so leicht ein Gespräch aufdrängen kann. Ich kaufe mir in einem kleinen Lebensmittelgeschäft aus dem Viertel Nudeln mit Lachs und Möhrensalat. Da ich bemüht bin, keine Umstände zu machen (ich habe ja als Deutscher, auch wenn es unsinnig ist, immer noch ein komisches Gefühl dabei, mich hier einfach so rumzutreiben), schlage ich vor, beides in dieselbe Schale zu tun. Die Frau lehnt empört ab.

»Im Magen mischt es sich doch sowieso –«

»Aber das gibt keinen guten Geschmack im Mund.«

Ja, ich weiß, ich habe keine Ahnung von Eßkultur. Aber sie soll wenigstens wissen, daß mir das klar ist: »Das macht nichts, ich esse alles.«

Sie packt mir trotzdem Nudeln und Möhren getrennt ein und belehrt mich zuletzt: *»Nous, on mange pour déguster.«* (»Bei uns ißt man für den Geschmack.«)

Ich setze mich hinter die hohe Hecke einer Feldeinfahrt. Das Gras ist warm von der Sonne. Ich traue mich kaum, die Nudeln mit den Möhren zu mischen, jetzt, wo ich weiß, daß das in meinem Mund keinen guten Geschmack gibt. Ich drehe mich lieber noch einmal um, ob sie mir gefolgt ist. Aber ich habe sie abgehängt und kann machen, was ich will. Es schmeckt köstlich. Das Gras, die Sonne, der weite Himmel, die braune Erde, die frischen Keimlinge. Die umliegenden Kirchtürme. Das Rauschen in der Linde über mir. Die dichten Brombeerhecken, bei denen das Märchen von Dornröschen erst einen Sinn bekommt. In solch einer Landschaft sind vielleicht die meisten Märchenmotive realistisch.

Kenavo

»Un jour, pourtant, Margot voulut rentrer chez elle. Je crois bien que ses parents lui manquaient.«
(Margot l'escargot)

In den letzten Tagen nimmt das schlechte Gewissen überhand. Was hat man eigentlich bisher geschafft? Nichts! Und wann wird man wiederkommen? Dieses bedrückende Gefühl, alles zum letzten Mal zu tun. Ein letzter Spaziergang durch Brest, der einen von Ecke zu Ecke weiterzieht, weil man noch einmal die steile

Hauptstraße bei Nacht sehen will, den Platz vor dem Rathaus mit seinem stalinistischen Monumentalcharme, die Bar, in der man Fußball gucken konnte, die Brasserie, in der man abends bei einem *ballon de rouge* dieses eine gute Buch gelesen hat. Noch einmal ins Cybercafé, wo sich die Jungen bekriegen. Heiner Müller hat über Ernst Jüngers Generation gesagt, daß für sie der Krieg eine Erfahrung war, bevor es die Frauen werden konnten. Heute gilt das wohl in gleichem Maß für Computerspiele. Sie besprechen gerade, wer gegen wen antreten will. Danach wird scharf geschossen: *»Ils sont tous dans l'ascenseur!«* Wann werden sie Mädchen interessanter finden? Oder haben sie das schon hinter sich? Neben mir sitzt die einzige Frau im Raum, ein einsames Herz, sie chattet auf »amour.fr«.

Meine Gastgeberin spaziert mit mir zum Hafen, zu einem Gebäude, auf dessen Dach man steigen kann. Das habe ich in den ganzen Jahren nicht mitbekommen! In der bretonischen Flagge seien Hermeline symbolisiert. Warum erfahre ich das erst jetzt? »Wie lange bleibst du noch? Ich kann dich zu einem Austernzüchter bringen«, sagen die einen. »Und ich zu einem Erdbeerbauern auf Plougastel.« – »Meine Oma spricht übrigens Bretonisch!« – »Ein Freund von mir arbeitet bei einem bretonischen Radiosender ...« – »Ich kenne einen Typ in den Monts d'Arrée. Er lebt völlig zurückgezogen. Sein Hund hat einen großen Tumor, den er mit Einweckgummis abbindet. Er baut sich Betonhöhlen in den Garten, um darin in Ruhe zu kiffen.«

Offenbar muß ich noch einmal wiederkommen.

Wir machen eine Rundfahrt durch die Bucht. Auf dem Schiff sind außer uns vierzig Schulkinder. Die Jungen hängen sich über den schwankenden Bug und kreischen bei jeder Welle. Die Lehrerin versucht, ihnen etwas beizubringen. Sie wiederholt immer wieder fragend: *»C'est une ...? C'est une ...? C'est une presqu'île!«* Am Port de Plaisance halten wir und bewundern Enora und Geronimo, Olivier de Kersausans futuristische Trimarane, auf denen er um die Welt gesegelt ist. Wir bekommen die Funktion der Schiffe im Hafen erklärt. Ein *sablier* holt Sand für die Gemüsebauern vom Grund des Meers. Ein Kabelschiff der Telekom. Ein Hubschrauberträger. Abgerüstete Streitschiffe. Schiffe der Fährkompanie *Penn-ar-Bed*. Auf deutsch heißt das »Ende der Welt« oder eben französisch »Finistère«. (Wobei niemand sagen kann, warum die Pariser Verwaltung den Begriff nicht korrekt in »Finisterre« übertragen hat.)

Ich halte für mich fest: Die Orte, an denen gearbeitet wird, sind viel reizvoller als die, die zur Erholung gedacht sind. Das schönste Gebäude von Vannes war nicht das Schloß oder die Kathedrale, sondern das *lavoir*, das alte Waschhaus am Rand der Stadtmauern. Früher hatten sogar die Zweckbauten ihren Charme.

Aber auf Brest lastet die Krise. Im Arsenal ist lange schon nichts Großes gebaut worden. Den Arbeitern wird nachgesagt, sie hätten nichts zu tun. Daß ein Ertrunkener, den man im Hafen von Brest aus dem Wasser fische, ein Arbeiter vom Arsenal sei, könne man daran erkennen, daß er die Hände in den Taschen habe.

Ich weiß nicht, ob ich inzwischen etwas von der Bretagne verstanden habe. Wer weiß schon, wie man sich einer Region nähert? Man hätte auch zwei Monate stillsitzen und warten können, was passiert. Von Bretonen hört man oft, wenn man ihnen von einem Ort in der

Bretagne vorschwärmt: »*Tiens*... da war ich noch nie...« Von (West)deutschen hört man dagegen: »Auf Quiberon war ich als Kind mit meinen Eltern. Ich hab mich total gelangweilt. Und dann waren wir in La Rochelle, ist das noch in der Bretagne? Sprechen sie da nicht so einen Dialekt?«

Richtig nah kommt man der Bretagne erst, wenn man wieder weg ist und Heimweh nach ihr empfindet. Man kann sich ja am Meer nicht satt sehen. Es gibt keinen Dialog mit der Natur, wir können nur zu ihr beten oder sie zerstören. Es ist nicht wie ein Film, den man einmal sieht und dann in sich trägt. Das Meer kann man nicht zu Ende sehen, es ignoriert einen, wie die ganze Natur.

Im Flugzeug betrinke ich mich mit Rotwein und bekomme von der charmanten Flugbegleiterin eine zweite Mittagsportion: Hühnerspieß, Trockenobstspieß und Schokoladenkuchen. Brest-Paris reicht gerade für »Le Télégramme«. Ein Artikel über die Dreharbeiten von Manuel Poirier, die ich besucht habe. Todesanzeigen von Menschen, denen ich vielleicht begegnet bin. Ich werde nie erfahren, wie dieser Fortsetzungscomic weitergeht. Ein Artikel darüber, wie man ein Türschloß austauscht. Leise Waschmaschinen seien ein Ergebnis der U-Boot-Forschung. In Miami findet die »Seatrade« statt, die Weltkreuzfahrtmesse. Die RMI (Sozialhilfe) beträgt in Frankreich 405 Euro 62, der SMIC (Mindestlohn): 1154 Euro 27.

Soll ich mich mit solchen Fakten aus der Bretagne verabschieden? Dann schon lieber mit einem dieser bretonischen Märchen, in denen es meistens darum geht, daß jemand, der sehr fromm ist, sich in der weiten

Welt verirrt und am Ende sogar noch frommer wieder nach Hause findet. Wenn meine Reise ein bretonisches Märchen wäre, wüßte ich, wie ich es erzählen müßte.

Das Märchen vom dummen Jochen

In Ploubazlanec lebte der dumme Jochen, alle liebten ihn, weil er immer freundlich lächelte. Aber er war auch so dumm, daß man ihm nichts auftragen konnte. Sollte er Stroh holen, brachte er Wasser, sollte er die Kuh aufs Feld führen, ging er mit ihr an den Strand.

Weil er so dumm war, fand der dumme Jochen natürlich auch keine Frau. Selbst, wenn sich eine für ihn interessierte, bekam sie es schnell satt, mit ihm zu reden. Er sah sie dabei nämlich immer nur groß an und vergaß, ihr zu antworten. Was sollte eine Frau mit so einem Mann?

Eines Tages verirrte sich der dumme Jochen im Wald von Brocéliande. Er hatte keine Angst, dazu war er viel zu dumm. Er wußte allerdings, daß es gefährlich war, sich hier zu verlaufen. Man mußte sich vor den Feen in acht nehmen. Denn wer in deren Reigen geriet, mußte mittanzen, bis ihn ein Dümmerer ablöste.

Als der dumme Jochen merkte, daß er sich verlaufen hatte, setzte er sich auf einen Stein und überlegte, aus welcher Richtung er gekommen war. Aber er wußte es nicht mehr. »Oh, wenn ich doch nicht so dumm wäre! Warum hat Gott mir keinen Verstand geschenkt?« murmelte der dumme Jochen. Das hörte eine Fee. Sie sagte: »Du bist vielleicht dumm, aber auch gottesfürchtig.

Deshalb will ich dich um einen Dienst bitten. Such im ganzen Land nach dem Wertvollsten, das du finden kannst und bring es mir, dann darfst du mich heiraten. Du mußt jeden Stein umdrehen und in jeden Brunnen sehen, vorher wag dich nicht zurück!«

Und der dumme Jochen machte sich auf den Weg und ging durchs ganze Land, er drehte jeden Stein um und sah in jeden Brunnen. Er hatte längst vergessen, was er suchte und belud sich mit allerhand Schätzen: einem verbeulten Eimer, einer hinkenden Ziege, einem Sack faules Heu. Alles Dinge, die ihm geschenkt wurden, wenn er nach dem Wertvollsten fragte, was jemand im Hause hatte. Als er nach Monaten wieder an die Stelle kam, wo er die Fee getroffen hatte, hoffte er, daß er den Auftrag zu ihrer Zufriedenheit erfüllt hatte. Aber die Fee besah sich seine Schätze und sagte: »Du solltest mir das Wertvollste bringen, was du finden konntest, aber statt dessen bringst du mir faules Stroh, eine hinkende Ziege und einen verbeulten Eimer! Du bist noch viel dümmer, als ich dachte.« Damit ließ sie ihn stehen. Da war der dumme Jochen sehr betrübt und setzte sich auf einen Baumstamm. Dort fand ihn eine zweite Fee, sie war noch schöner als die erste. Wieder sollte er sich für sie auf die Suche machen, wieder kam er reich beladen zurück und wieder beschimpfte ihn die Fee, weil sie mit seinen Schätzen nicht zufrieden war. Und auch diesmal blieb er allein im Wald zurück und wußte nicht, was er tun sollte, bis ihn eine dritte Fee fand und ihm denselben Auftrag erteilte, wie die ersten beiden. Der dumme Jochen war so verzaubert von ihrer Schönheit, daß er sich abermals auf den Weg machte, er kannte das Land inzwischen besser als seine Heimat. Er sah in jeden

Brunnen und drehte jeden Stein um, er klopfte an jedem Haus, und diesmal war er sich sicher, daß er die wertvollsten Schätze des Landes gefunden hatte: einen herrlichen Fischkopf, ein schönes, glattes Stück Holz von einem Wrack, eine bunte Muschelschale und ein besonders schwarzes Stück Schiefer.

Er wagte kaum, diese Schätze vor der Fee auszubreiten, weil er Angst hatte, wieder gescholten zu werden. Und tatsächlich: die Fee sah sich alles an, schüttelte den Kopf, drehte sich um und ging. Da weinte der dumme Jochen, weil er sich so nach einer Fee gesehnt und immer wieder versagt hatte. Als die Fee aber seine Tränen sah, staunte sie und sagte: »Was bist du für ein dummer Mensch! Nun bist du durchs ganze Land gezogen und hast jeden Stein umgedreht und in jeden Brunnen geschaut auf der Suche nach dem Wertvollsten, was du finden kannst. Und dabei hast du es die ganze Zeit mit dir geführt. Denn das Wertvollste, was du finden kannst, ist dein Herz. Und wenn du es mir schenken willst, dann will ich es gerne annehmen.«

Und wenn sie nicht gestorben sind, dann leben sie noch heute.

Inhalt

Bereits erschienen:
Gebrauchsanweisung für...

Amerika
von Paul Watzlawick

Bayern
von Bruno Jonas

Deutschland
von Maxim Gorski

das Elsaß
von Rainer Stephan

England
von Heinz Ohff

Florenz
von David Leavitt

Genua und die Italienische Riviera
von Dorette Deutsch

Griechenland
von Martin Pristl

Hamburg
von Stefan Beuse

Irland
von Ralf Sotscheck

Italien
von Henning Klüver

Japan
von Gerhard Dambmann

Mallorca
von Elfie Donnelly

München
von Thomas Grasberger

Paris
von Edmund White

Portugal
von Eckhart Nickel

Schottland
von Heinz Ohff

die Schweiz
von Thomas Küng

Spanien
von Paul Ingendaay

Südengland
von Elke Kößling

Südfrankreich
von Birgit Vanderbeke

Sydney
von Peter Carey

Tibet
von Uli Franz

die Toskana
von Barbara Bronnen

Tschechien und Prag
von Jiří Gruša

die Türkei
von Iris Alanyali

Venedig
von Dorette Deutsch

Wien
von Monika Czernin

PIPER

Birgit Vanderbeke

Gebrauchsanweisung für Südfrankreich

174 Seiten. Gebunden

Pont du Gard, pittoreske Natursteinhäuser und blühender Lavendel, das ist Südfrankreich. Nicht ganz. Denn wußten Sie beispielsweise, daß »Gekochtes Wasser« zu den Spezialitäten der provençalischen Küche gehört? Daß sich die meisten Bewohner dieses Landstrichs seit Jahrhunderten weigern, an die Zentrale in Paris Steuern zu entrichten? Oder daß noch immer ein Konfessionsstreit über den Erfinder der schmackhaften Cassoulet geführt wird?
Mit genauem Blick und der ihr eigenen feinen Ironie schreibt Birgit Vanderbeke über die Leute im Süden Frankreichs, über ihren Eigensinn und ihre Fahrkünste, über Trüffelmärkte und den Ramadan in Marseille. Eine Liebeserklärung an eine der wundervollsten und zugleich vielfältigsten Regionen Frankreichs.

01/1122/01/L